D1673008

C.G. Jung

Der lange Fluß des Lebens

C.G. Jung

Der lange Fluß des Lebens

Textauswahl von Franz Alt

Walter Verlag

Die Deutsche Bibliothek – CIP-Einheitsaufnahme

Jung, Carl G.:
Der lange Fluß des Lebens / C. G. Jung. Textausw. von Franz Alt. –
Düsseldorf; Zürich: Walter, 2001
ISBN 3-530-41004-7

Satz: Fotosatz Moers, Mönchengladbach
Druck und Bindung: Clausen & Bosse, Leck
ISBN 3-530-41004-7

Inhalt

Vorwort

Vor kurzem habe ich in einem Fernseh-Interview die wohl bekannteste Sterbeforscherin der Welt, Elisabeth Kübler-Ross, nach ihrem sechsten Schlaganfall zum Tod befragt. Die 23fache Ehrendoktorin, die Tausende Menschen beim Sterben begleitete, sagte mit großer Bestimmtheit: «Der Tod ist eine wunderbare Erfahrung.»

Auch die Gedanken C. G. Jungs zum Sterben steigern die Lust zu leben, denn sie versöhnen mit dem Tod.

Die Versöhnung mit dem Tod beginnt, wenn wir uns in der Tiefe als künftig Sterbende akzeptieren lernen. Das ist die alles entscheidende Aufgabe in der zweiten Lebenshälfte, die schon in der ersten Lebenshälfte vorbereitet werden kann. Die Angst vor dem Tod bringt viele Menschen um ihr Leben. Doch Leben und Tod sind dem Menschen zumutbar.

C. G. Jung versteht den Tod nicht als Tod, sondern als Geburt und als Ziel. So und nur so ist auch der Satz aus dem *Gilgamesch*-Epos der Sumerer zu verstehen: «Jung wird der Mensch als Greis.» Das heißt: Zum Hinübergehen in die andere Dimension wird der Mensch mit einer geistigen Nahrung gestärkt, die wie ein Jungbrunnen sein kann, wenn er aufnahmebereit für diese seelische Nahrung ist und sich auf die Geburt im Tod vorbereitet. Diese Seelenspeise reicht weit über unser physisches Leben hinaus. Sie wird uns schon Jahrzehnte vor dem Tod geschenkt aus dem Meer der Ewigkeit. Mit diesem Wissen wird der Gedanke erträglich, daß jeder, der lebt, ein Todeskandidat ist.

Leider begegnen wir heute nur noch wenigen älteren Menschen, deren Aura uns eine Ahnung von der Wirkweise dieser kosmischen Seelenspeise vermittelt. Das mag auch an unserer mangelnden Wahrnehmungsfähigkeit liegen.

Allerdings: Auf dem Sterbebett kann man die Wirkung dieser Seelenspeise noch bei vielen Menschen spüren.

Was ich meine, zeigt dieses Beispiel: Die 91jährige Mutter eines Freundes lud ihre Verwandten und Freunde überraschend zu einem Fest ein. Es wurde ein wunderschöner Tag mit gutem Essen, schöner Musik und viel Freude. Doch bis zum Abend hatte immer noch keiner der vielen Gäste den Anlaß des Festes erraten können. Da erhob sich die alte Dame, begann sich von jedem der mehreren Dutzend Anwesenden per Handschlag zu verabschieden und meinte: «Das war's. Ich danke euch allen.»

Sie legte sich ins Bett und war etwa eine Stunde danach tot.

Ein Abschied mit einem himmlischen Mahl. Im Tod geben wir nicht unseren Geist auf, wir legen nur unseren Körper ab. Aus Raupen werden Schmetterlinge.

Vor 2500 Jahren hat ein Schüler des Konfuzius seinen Meister gefragt: «Gibt es ein Leben nach dem Tod?» Konfuzius antwortete: «Wie magst du dir Sorgen machen wegen des Lebens *nach* dem Tode, da du ja das Leben vor dem Tode gar nicht kennst.» Die tiefe Wahrheit dieses Wortes gilt heute in unserer materialisierten Zeit erst recht. «Die Sucht, unsterblich zu sein» (Angelika Aliti), ist weit verbreitet. Erst wenn wir etwas lernen über das Leben vor dem Sterben, können wir etwas ahnen vom Leben nach dem Sterben.

Vor ebenfalls 2500 Jahren stand im Tempel von Delphi die bekannte Aufforderung: «Mensch, erkenne dich selbst.» Je mehr wir den Sinn unseres Lebens erkennen, desto eher lernen wir, daß es keinen Tod gibt. «Von Leben und Tod» haben wir etwas verstanden, wenn wir so leben lernen, daß wir unsere Sterbestunde als Stunde der Auferstehung vorbereiten.

Kann man das Sterben üben? Ja, jeden Abend beim Einschlafen kann man das Los-Lassen üben.

Baden-Baden, März 2001 *Franz Alt*

Vom Fluß des Lebens

Es ist der Sinn
meiner Existenz, daß das
Leben eine Frage an mich hat.

Erinnerungen 320

Lebenszeit und Lebensfülle

Das menschliche Leben [...] ist wie ein langer Fluß. Wenn man von einem Berg darauf herunterblickt, kann man ihn vielleicht hundert Kilometer weit sehen, die ganze Länge des Flusses, von seinem Ursprung bis zum Meer. Man kann ihn in ein oder zwei Sekunden überblicken, dennoch braucht ein Schiff auf dem Fluß lange Zeit, um diese Entfernung zurückzulegen, und das Wasser braucht lange Zeit, um so weit zu fließen. Das ist Zeit oder menschliches Leben aus großer Entfernung gesehen, Anfang und Ende zur gleichen Zeit. Man sieht die Zeit im Raum. Nehmen wir nun an, daß wir von einem sehr hohen Schweizer Berg aus zwei Pferdegespanne heraufkommen sehen; wir wissen, daß sie zwei Tage brauchen werden, um sich zu begegnen. Von oben können wir in die Zukunft dieser zwei Burschen schauen. Und so sehen wir auch in einem solchen Traum das menschliche Leben als einen Streifen, als den Fluß der Zeit, und wer einen solchen Traum hat, befindet sich auf einer hohen Warte, er sieht Vergangenheit, Gegenwart und Zukunft auf einmal.

Traumanalyse 479

*

Das Leben ist ein energetischer Ablauf wie irgendeiner.

GW 8, 446

Die Kurve des Lebens ist wie eine Geschoßparabel. In seiner anfänglichen Ruhelage gestört, steigt das Geschoß auf und kehrt wieder zur Ruhelage zurück.

GW 8, 447; Grundw. 9, 80

*

Betrachten wir nun die universelle Energie der Welt, die Lebensenergie. Sie ist uns unbekannt, aber wir müssen auch sie nach jenen Kategorien verstehen. Sie ist nicht beobachtbar, wenn nichts geschieht. Ein Ei zum Beispiel ist latent, nichts bewegt sich, aber wenn es sich entwickelt, dann entwickelt sich Zeit, Alterung beginnt.

Traumanalyse 455

*

Es gibt kein Werden und Vergehen, es sei denn in der Zeit.

Kinderträume 106

*

Die Fülle des Lebens ist gesetzmäßig und nicht gesetzmäßig, rational und irrational.

GW 7, 57

Was die Seele ist, wissen wir ebensowenig wie was das Leben ist. Geheimnis genug, um unsicher zu sein, wieviel Ich Welt und wieviel Welt Ich ist! Das Unbewußte aber ist *wirklich* auf jeden Fall, denn es *wirkt.*

GW 10, 30

Soweit wir zu erkennen vermögen, ist es der einzige Sinn der menschlichen Existenz, ein Licht anzuzünden in der Finsternis des bloßen Seins.

Erinnerungen 329

*

Es ist eine merkwürdige Tatsache, daß ein Leben, das bloß aus dem Ich gelebt wird, in der Regel nicht nur auf den Betreffenden selbst, sondern auch auf die Zuschauer als dumpf wirkt. Die Fülle des Lebens erfordert mehr als bloß ein Ich; sie bedarf eines Geistes, das heißt eines unabhängigen und übergeordneten Komplexes, der offenbar allein imstande ist, alle jene seelischen Möglichkeiten, die das Ichbewußtsein nicht erreichen kann, in lebendige Erscheinung zu rufen.

GW 8, 369

*

Ein Mensch wird nie durch sich allein repräsentiert. Ein Mensch ist nur etwas in Beziehung zu anderen Individuen. Wir erhalten von ihm ein vollständiges Bild nur dann, wenn wir ihn in Beziehung zu seiner Umgebung sehen, so wie wir nichts über eine Pflanze oder ein Tier wissen, wenn wir ihren Lebensraum nicht kennen.

Traumanalyse 253

Unser individuelles Leben ist keine Illusion, es ist ebenfalls gültig. Traumanalyse 493

*

Und da selbst das Unbewußte die Notwendigkeit des individuellen Standpunkts anerkennt, bringt es ihn mit derselben Hartnäckigkeit ein wie das Hauptmotiv, gibt ihm denselben Wert und die gleiche Würde, so daß wir annehmen dürfen, wie ich meine, daß das Kleinste genauso wichtig ist wie das Größte. Es gäbe keine Sahara ohne das einzelne Sandkorn, und das Wassermolekül ist absolut unerläßlich für das Meer. Der einzelne Mensch ist unerläßlich für die Existenz des Kosmos, und wenn wir zu den lächerlichen Unzulänglichkeiten unseres persönlichen Lebens zurückkehren, dann ist das ein genauso interessantes Problem, wie wenn wir auf jene Anhöhen hinaufgeführt werden, von wo aus wir einen flüchtigen Eindruck von der vollen Dimension des universellen Lebens erhalten. Traumanalyse 493

*

Das Leben ist ein Kriterium der Wahrheit des Geistes. Ein Geist, der den Menschen über alle Lebensmöglichkeit hinausreißt und nur Erfüllung in sich selbst sucht, ist ein Irrgeist – nicht ohne die Schuld des Menschen, der es in der Hand hat, sich selbst aufzugeben oder nicht. GW 8, 369

Der Geister sind viele, helle und finstere. Man darf sich daher der Einsicht nicht verschließen, daß auch der Geist nichts Absolutes, sondern etwas Relatives ist, welches der Ergänzung und der Vervollständigung *durch das Leben* bedarf. GW 8, 368

*

Die Paradoxie gehört sonderbarerweise zum höchsten geistigen Gut; die Eindeutigkeit aber ist ein Zeichen der Schwäche. Darum verarmt eine Religion innerlich, wenn sie ihre Paradoxien verliert oder vermindert; deren Vermehrung aber bereichert, denn nur das Paradoxe vermag die Fülle des Lebens annähernd zu fassen, die Eindeutigkeit und das Widerspruchslose aber sind einseitig und darum ungeeignet, das Unerfaßliche auszudrücken. GW 12, 30

*

Es ist ein merkwürdiges Paradox im menschlichen Leben, daß gerade das, was die größte Angst auslöst, die Quelle der größten Weisheit ist. Unsere größte Torheit ist unser bestes Sprungbrett. Niemand kann ein weiser Mensch werden, ohne ein schrecklicher Tor zu sein. Durch Eros lernt man die Wahrheit, durch Sünden lernen wir Tugend. Meister Eckhart sagt, daß man nicht allzusehr bereuen solle, denn der Wert der Sünde sei sehr groß. In *Thaïs* sagt Anatole France, daß nur ein großer Sünder ein großer Heiliger werden könne, das eine sei nicht ohne das andere denkbar. Wie kann der Mensch mit diesem fürchterlichen Paradox umgehen? Er kann nicht sagen: «Ich werde eine

Sünde begehen, dann werde ich ein Heiliger sein», oder: «Ich werde ein Tor sein, damit ich zum Weisen werde.» Die Frage ist, was man tun soll, wenn man in eine Sackgasse gerät. [...] Aus einander fremden, unvereinbaren Dingen entsteht etwas Neues. Das ist offensichtlich die Antwort auf das Paradox, das unlösbare Dilemma.

Traumanalyse 369

*

Nur am Gegensatz entzündet sich das Leben.

GW 7, 62

Kindheit und Jugend

Die Persönlichkeit entwickelt sich im Laufe des Lebens aus schwer oder gar undeutbaren Keimanlagen, und erst durch unsere Tat wird es offenbar, wer wir sind. GW 17, 196; Grundw. 9, 11

*

Lassen Sie mich zum Schluß noch für einen Augenblick zum Sonnengleichnis zurückkehren. Die 180 Grade unseres Lebensbogens zerfallen in vier Teile. Das erste östliche Viertel ist die Kindheit, das heißt derjenige problemlose Zustand, wo wir erst ein Problem für andere, aber eigener Problematik noch nicht bewußt sind. Die bewußte Problematik erstreckt sich über das zweite und dritte Viertel, und im letzten Viertel, im Greisenalter, tauchen wir wieder ein in jenen Zustand, wo wir, unbekümmert um unsere Bewußtseinslage, wieder mehr ein Problem für die anderen werden. Kindheit und hohes Alter sind zwar äußerst verschieden, aber haben das eine gemeinsam, nämlich das Eingetauchtsein in unbewußt Seelisches. Da die Seele des Kindes aus dem Unbewußtsein sich herausentwickelt, so ist seine Psychologie, obschon auch schwierig, so doch eher auszumachen als die des Greises, der in das Unbewußtsein wieder versinkt und zunehmend darin verschwindet. Kindheit und

Greisenalter sind die problemlosen Zustände des Lebens. GW 8, 442; Grundw. 9, 77

*

Die kindliche Stufe des Bewußtseins kennt noch keine Probleme, denn noch hängt nichts vom Subjekt ab, indem das Kind selber noch ganz von den Eltern abhängt. Es ist, wie wenn es noch gar nicht völlig geboren, sondern noch in der seelischen Atmosphäre der Eltern getragen wäre. Die seelische Geburt und damit die bewußte Unterscheidung von den Eltern erfolgt normalerweise erst mit dem Einbruch der Sexualität im Pubertätsalter. Mit dieser physiologischen Revolution ist auch eine geistige verbunden. Durch die körperlichen Erscheinungen wird nämlich das Ich in so hohem Maße betont, daß es sich oft ganz unverhältnismäßig zur Geltung bringt. Daher der Name «Flegeljahre». GW 8, 430; Grundw. 9, 64

*

[Es ist] durchaus begreiflich, daß die alte Anschauung von der Seele als etwas Selbständigem, nicht bloß Objektivem, sondern direkt gefährlich Willkürlichem ihre Berechtigung hat. Die weitere Annahme, daß dieses geheimnisvolle, furchterregende Wesen zugleich die Lebensquelle sei, ist psychologisch ebenso verständlich, denn die Erfahrung zeigt ja, wie das Ichsein, nämlich das Bewußtsein, aus unbewußtem Leben hervorgeht. Das kleine Kind hat psychisches Leben ohne nachweisbares Ichbewußtsein, weshalb die ersten Lebensjahre kaum einige Erinnerungsspuren hinterlassen. Woher kommen alle guten und hilfreichen Einfälle? Woher Begeisterung, Inspiration und jedes erhöhte Lebensgefühl? Der Primitive fühlt in der Tiefe seiner Seele den Lebensquell, er ist aufs tiefste beeindruckt von der lebenschöpfenden Tätigkeit seiner Seele, weshalb er an alles glaubt, was auf die Seele wirkt, nämlich an magische Gebräuche aller Art. Darum ist für ihn die Seele das Leben überhaupt, das er nicht zu meistern sich einbildet, sondern von dem er in jeglicher Beziehung abhängt. GW 8, 381

*

Meiner Ansicht nach ist es falsch, sexuelle Erscheinungen im frühen Kindesalter als Ausdruck einer organischen Anlage zu sehen; die Mehrzahl der Fälle läßt sich auf eine der psychologischen Eigenart des Kindes unzuträgliche Umwelt zurückführen. Die Einstellung des Kindes zum Leben ist zwar durch die Erbanlage bestimmt, aber nur bis zu einem gewissen Grade; auf der anderen Seite ist sie das Resultat des unmittelbaren Einflusses der Eltern und der Erziehung. Während die Erbanlage sich nicht verändern läßt, können diese Einflüsse durch angemessene Methoden korrigiert werden, so daß die ursprüngliche ungünstige Veranlagung überwunden werden kann.

GW 18/II, 868

*

Es ist natürlich, daß der Jugendabschnitt des Lebens durch die weitgehende Anerkennung der Triebnatur gewinnen kann, zum Beispiel durch die Anerkennung der Sexualität, deren neurotische Verdrängung den Menschen in ungebührlichem Maße vom Leben fernhält, oder auf unglückliche Weise gerade in ein höchst unpassendes Leben, mit dem er uneins werden *muß*, hineinzwingt. Die gerechte Anerkennung und Würdigung der normalen Triebe führt den jungen Menschen zum Leben und verflicht ihn mit Schicksalen, die ihn weiterführen zu Notwendigkeiten und dadurch bedingten Opfern und Leistungen, welche seinen Charakter festigen und seine Erfahrung reifen.

GW 8, 72

*

Könnten wir die Gedanken eines jungen Menschen direkt beobachten und registrieren, wenn er Zeit und Muße zum Träumen hat, so würden wir neben einigen Erinnerungsbildern wohl in der Hauptsache Phantasien, die sich mit der Zukunft beschäftigen, feststellen können. Tatsächlich besteht weitaus der größte Teil der Phantasien aus Antizipationen. Die Phantasien sind daher größtenteils vorbereitende Handlungen oder gar psychische Einübungen auf gewisse zukünftige Wirklichkeiten.

GW 8, 450 f.; Grundw. 9, 84

*

Das Schicksal steht vor ihnen verworren und überreich an Möglichkeiten, und doch ist nur eine von diesen vielen Möglichkeiten ihr eigener und richtiger Weg. Wer könnte sich vermessen, auch gegründet auf eine menschenmögliche Erkenntnis seines eigenen

Charakters, jene *eine* Möglichkeit im voraus bestimmen zu können? GW 7, 56 f.

*

Ein Junger, der nicht kämpft und siegt, hat das Beste seiner Jugend verpaßt. GW 8, 448

*

Wir wissen aber, daß es keine menschliche Voraussicht oder Lebensweisheit gibt, welche uns in den Stand setzen könnte, unserem Leben eine vorgeschriebene Richtung zu geben, außer auf kleinen Wegstrecken. GW 7, 56

*

Jugendliche Sehnsucht nach Welt und Leben, nach Erreichung hochgespannter Hoffnungen und ferner Ziele ist die offenkundige Zielstrebigkeit des Lebens, welche sich sofort in Lebensangst, neurotische Widerstände, Depressionen und Phobien verwandelt, wenn sie irgendwo an der Vergangenheit hängenbleibt oder vor Wagnissen zurückschreckt, ohne welche die gesteckten Ziele nicht erreicht werden können.

GW 8, 446; Grundw. 9, 79 f.

*

Die Quellen der Probleme dieser Altersstufe sind uns allen bekannt. Es sind bei weitaus den meisten Menschen die Anforderungen des Lebens, welche den Kindheitstraum oft jäh unterbrechen. Bringt das Individuum eine genügende Vorbereitung mit, so kann sich der Übergang ins Berufsleben glatt vollziehen. Bestehen aber mit der Wirklichkeit kontrastierende Illusionen, so entstehen Probleme. Niemand tritt ins Leben ohne Voraussetzungen. Diese Voraussetzungen sind gelegentlich falsch, das heißt, sie passen nicht auf die äußeren Bedingungen, denen man begegnet. Oft handelt es sich um zu große Erwartungen oder um Unterschätzung der äußeren Schwierigkeiten oder um unberechtigten Optimismus oder um Negativismus.

GW 8, 431; Grundw. 9, 65 f.

*

Die Unternehmung der Persönlichkeitsentwicklung ist in der Tat ein unpopuläres Wagnis, ein unsympathisches Abseits von der breiten Straße, eine eremitenhafte Eigenbrödelei, wie es den Außenstehenden bedünken will. Kein Wunder daher, daß von jeher nur die Wenigen auf diese sonderbare Aventure verfallen sind. GW 17, 198 f.; Grundw, 9, 14

*

Die Ganzheit ist keine Vollkommenheit, sondern eine Vollständigkeit. GW 16, 254; Grundw. 3, 191

Die unerbittlichen Forderungen des Lebens

Ein Mensch, dessen Herz
nicht gewandelt ist,
wird das Herz keines
anderen Menschen verändern.

GW 18/II, 653

Erwachsensein

Ich muß meine Antwort beibringen, sonst bin ich bloß auf die Antwort der Welt angewiesen. Das ist die überpersönliche Lebensaufgabe, die ich nur mit Mühe realisiere. Erinnerungen 321

*

Individuation ist das gewöhnliche Leben und das, was man davon bewußt gemacht hat. Wenn das jemanden erstaunen sollte, hat er keine Ahnung davon, was das Leben für jeden bereithält. Briefe II, 55

*

Es gehört zur Unterscheidung des Ich und des Nicht-Ich, daß der Mensch in seiner Ich-Funktion *auf festen Füßen* stehe, das heißt *seine Pflicht gegenüber dem Leben erfülle, so daß er in jeder Hinsicht ein lebensfähiges Glied der menschlichen Gesellschaft ist.* Alles, was er in dieser Hinsicht vernachlässigt, fällt ins Unbewußte und verstärkt dessen Position, so daß er in Gefahr ist, davon verschluckt zu werden. Darauf stehen aber schwere Strafen. GW 7, 81

*

Erst der erwachsene Mensch kann sich selber zweifelhaft sein und daher auch mit sich selber uneins werden. GW 8, 431; Grundw. 9, 65

Es genügt zu wissen, daß die menschliche Seele sowohl individuell wie kollektiv ist und daß ihr Gedeihen nur dadurch möglich ist, daß diese beiden anscheinend kontradiktorischen Seiten zu einer natürlichen Zusammenwirkung gelangen. Innerhalb des rein instinktiven Lebens besteht dieser Konflikt natürlich nicht, trotzdem auch das rein körperliche Leben der individuellen wie der kollektiven Forderung zu genügen hat. Im sogenannten Instinkte, das heißt in der natürlichen unbewußten Einstellung liegt bereits die Harmonie.

Der Körper und seine Fähigkeiten und Notwendigkeiten geben ohne weiteres jene Bestimmungen und Begrenzungen, welche alle Maßlosigkeit und Disproportion verhindern. Auf den Körper gründet sich auch die geistige Individualität, die nie zustande kommen kann, wenn nicht die Rechte des Körpers anerkannt werden. Umgekehrt kann auch der Körper nicht gedeihen, wenn die geistige Eigenart nicht angenommen wird.

GW 7, 306 f.

*

Die vorwärts strebende Libido [...] verlangt Trennung von der Mutter; dem steht aber die Sehnsucht des Kindes nach der Mutter hindernd entgegen in der Form eines psychischen Widerstandes, der erfahrungsgemäß in der Neurose sich in allerhand Befürchtungen ausdrückt, das heißt in Angst vor dem Leben. Je mehr der Mensch sich von der Anpassungsleistung zurückzieht, desto größer wird seine Angst, die ihn auf seinem Weg dann überall und in zunehmendem

Maße hindernd befällt. Die Angst vor Welt und Menschen verursacht natürlich auf dem Wege des circulus vitiosus ein vermehrtes Zurückweichen, das zum Infantilismus und «in die Mutter» zurück führt. Der Grund hierfür wird in der Regel nach außen, auf die äußeren Umstände projiziert, oder die Eltern werden verantwortlich gemacht. Es bleibt in der Tat zu untersuchen, wieviel Schuld im Falle eines Sohnes der Mutter, die ihn nicht entlassen will, zuzumessen ist. Der Sohn wird sich zwar durch das fehlerhafte Verhalten der Mutter zu erklären versuchen, unterläßt aber besser dergleichen untaugliche Versuche, durch Anschuldigung der Mutter (oder des Vaters) sich über seine eigene Unfähigkeit hinwegzutäuschen.

GW 5, 383

*

Das leidenschaftliche Begehren hat seine zwei Seiten: es ist die Kraft, die alles verschönt und unter Umständen auch alles zerstört. Es ist daher begreiflich, daß ein heftiges Begehren entweder an sich schon von Angst begleitet ist oder von Angst gefolgt oder angekündigt wird. Leidenschaft führt Schicksale herbei und schafft damit Unwiderrufliches. Sie treibt das Rad der Zeit voran und belastet die Erinnerung mit unwiederbringlicher Vergangenheit. Die Angst vor dem Schicksal ist nur zu verständlich: es ist ein Unabsehbares und Grenzenloses; es birgt unbekannte Gefahren, und das Zögern des Neurotischen, das Leben zu wagen, erklärt sich unschwer aus dem Wunsche, abseits stehen zu dürfen, um nicht in den gefährlichen Kampf verwickelt zu werden. Wer auf das Wagnis, zu erleben, verzichtet, muß den Wunsch dazu in sich ersticken, also eine Art von partiellem Selbstmord begehen. Daraus erklären sich die Todesphantasien, die den Verzicht auf das Begehren gerne begleiten. GW 5, 143

*

Die Angst vor dem Leben ist kein imaginäres Gespenst, sondern eine sehr reale Panik, die nur deshalb so unverhältnismäßig aussieht, weil ihre wirkliche Quelle unbewußt und daher projiziert ist: Der junge Persönlichkeitsteil, der am Leben verhindert und zurückgehalten wird, erzeugt Angst und verwandelt sich in Angst. Die Angst scheint von der Mutter zu kommen, in Wirklichkeit ist es aber die Todesangst des instinktiven, unbewußten Menschen, der durch das anhaltende Zurückweichen vor der Wirklichkeit vom Leben ausgeschlossen ist. GW 5, 383f.

*

Die Fortsetzung des Lebens geht immer von den Dingen aus, die noch unentwickelt sind. Das ist die ewig schöpferische Grundlage, aus der neue Entwicklungen entstehen. Traumanalyse 215

*

Jede Wurzel in der Erde muß ihren Weg um einen Stein herum finden. Sie kann die falsche Richtung einschlagen. Sobald wir uns mit dem Gedanken des Wachstums und der Entwicklung auseinandersetzen, sind wir mit der Irrationalität der Natur konfrontiert. Jeder Rationalist haßt das, denn bei ihm müssen die Dinge sicher sein: «Keine Risiken, bitte.»

Traumanalyse 287

*

Ich habe nämlich die Beobachtung gemacht, daß ein zielgerichtetes Leben im allgemeinen ein besseres, reicheres, gesünderes ist als ein zielloses, und daß es besser ist, mit der Zeit vorwärts als gegen die Zeit rückwärts zu gehen. GW 8, 441; Grundw. 9, 76

*

Wir müssen bestimmte Dinge im Leben so leben, als seien sie dazu bestimmt, reife Früchte zu werden, und wenn sie nicht reifen, dann lassen wir sie eben fallen; wir müssen sie auf spielerische Weise aufnehmen, auf kindliche Weise, ohne Vorurteil. Sobald wir Vorurteile haben, schließen wir bestimmte Möglichkeiten aus, und das Leben ist nicht mehr reich. Traumanalyse 287

*

Alle jene Augenblicke des individuellen Lebens, wo die allgemeingültigen Gesetze menschlichen Schicksals die Absichten, Erwartungen und Anschauungen des persönlichen Bewußtseins durchbrechen, sind zugleich Stationen des Individuationsprozesses. Dieser Vorgang ist nämlich die spontane *Verwirklichung des ganzen Menschen*. Der ichbewußte Mensch bedeutet nur einen Teil des lebenden Ganzen, und sein Leben stellt noch keine Verwirklichung des Ganzen dar. Je mehr er bloßes Ich ist, desto mehr spaltet er sich vom kollektiven Menschen, der er auch ist, ab und gerät sogar in einen Gegensatz zu diesem. Da aber alles Lebende nach seiner Ganzheit strebt, so findet gegenüber der unvermeidlichen Einseitigkeit des Bewußtseinslebens eine beständige Korrektur und Kompensation von seiten des allgemein menschlichen Wesens in uns statt, mit dem Ziele einer schließlichen Integration des Unbewußten im Bewußtsein oder besser, einer Assimilation des Ich an eine umfangreichere Persönlichkeit. GW 8 3, 22; Grundw 1, 179 f.

*

Die Persönlichkeit nämlich kann sich niemals entfalten, ohne daß man bewußt und mit bewußter moralischer Entscheidung *den eigenen Weg* wählt.

GW 17, 198; Grundw. 9, 13

*

Sich von der ganzen Welt abhängig fühlen ist gut und schön, aber darauf kommt es nicht an. Worauf es ankommt, ist, daß Sie nicht abhängig sind und daß Sie sich als nicht abhängig zu fühlen beginnen. Sich abhängig fühlen ist reines Ausweichmanöver. Gerade durch eine solche Einstellung lähmen Sie sich, und das ist der Grund, warum Sie sich nicht auf eigene Füße stellen können. Der richtige Weg ist Ihr eigener Weg, und Sie müssen sich entschließen, diesen Weg zu gehen. Das würde Sie an irgendein Ziel bringen.

Briefe II, 80

Vom ehrlichen Bemühen und vom provisorischen Leben

Das ist ja ebengerade das Leidige und Lästige, daß der banale Alltag banale Forderungen an unsere Geduld, unsere Hingabe, Ausdauer, Aufopferung usw. erhebt, die man nur demütig und ohne irgendwelche beifallerzielende, heroische Geste erfüllen muß, wozu es aber eines nach außen unsichtbaren Heldentums bedarf. Es glänzt nicht, wird nicht belobt und sucht immer wieder die Verborgenheit im alltäglichen Gewand. Das sind die Forderungen, die, wenn nicht erfüllt, die Neurose verursachen. GW 7, 56

*

[Manche Männer sind] hartgesottene Sünder. Sie glauben an rationale Dinge, weil ihnen das Leben gezeigt hat, was sie wert sind; sie haben mit rationalen Mitteln eine Menge Geld gemacht und glauben natürlich an sie; sie glauben, daß man alles kaufen kann. Deshalb sind sie auch so hypochondrisch. Unlängst habe ich einen solchen Fall erlebt, einen großen Geschäftsmann, der zusammenbrach und hypochondrische Ideen entwickelte, er reiste ständig in der ganzen Welt umher auf der Suche nach einem Arzt, der ihn heilen kann. Er meinte, es müsse eine Heilung für seine Krankheit geben, weil man alles kaufen könne, deshalb müsse dieser große Arzt irgendwo existieren.

Er versicherte mir, er würde jedes Honorar zahlen, wenn ich ihn behandeln würde. Ich könnte verlangen, was ich wollte. Geld würde es schaffen, und wenn nicht, dann einfach, weil nicht genug Geld geboten wurde. Ich erinnere mich an einen anderen reichen Mann, der nicht an den Tod glaubte. Er meinte ebenfalls, daß man das Leben kaufen könne und daß ein Verwandter, der an einer unheilbaren Krankheit litt, nicht zu sterben brauche; wenn man die besten Ärzte und Krankenhäuser kaufe, dann müsse niemand sterben, weil man es sich leisten könne, am Leben zu bleiben.

Traumanalyse 673

*

Je hilfloser ein Mann, desto stärker wird der mütterliche Instinkt angesprochen, und es gibt keine Frau, die diesem Anruf widerstehen könnte. Aber zuviel Mütterlichkeit untergräbt die Psychologie eines Mannes auf gefährliche Weise. Alles, was Sie aus eigener Anstrengung gewinnen, wiegt hundert Jahre mit einer Analytikerin auf.

Briefe II, 234

*

Aus der Berücksichtigung der Forderungen der Welt innen und außen, besser gesagt, aus ihrem Konflikt, ergibt sich das *Mögliche und Notwendige*.

GW 7, 213

*

Ich kann Ihnen kaum sagen, wie sehr mich die schreckliche Nachricht vom frühzeitigen Tod Ihres

Sohnes erschüttert hat. [...] Das Leben ist ein Geheimnis. Manchmal beginnt es mit einem tiefen Nein zur eigenen Existenz, und das einzige Ziel scheint in seinem Ende zu liegen. In solchen Fällen kann man nur fragen: was war vorher? und was kommt danach? Gelegentlich erscheint ein Traum, der die Frage beantwortet. Briefe III, 236

*

Der letzte Rest von etwas Göttlichem ist das ehrliche Bemühen des Menschen. Traumanalyse 662

*

Das Bemühen der meisten Menschen ist nicht ehrlich, es ist Täuschung. Sie unternehmen heroische Versuche, dem wirklichen Versuch zu entkommen, denn der ist es, wovor sich die meisten Menschen fürchten. Das ehrliche Bemühen ist die schlimmste Gefahr. [...] Es ist ein Risiko, man stirbt, indem man lebt.

Es war einmal ein französischer Soldat, der ein sehr wackerer Mann war, ich meine, ein richtiger Mann, und sein Prinzip lautete, immer seiner Furcht zu folgen; wovor er Angst hatte, dort ging er hin, weil er es für seine Pflicht hielt. Nichts Törichtes, wie auf einen Schornstein zu klettern; das tut man nicht – es ist zu töricht. Er war Offizier in irgendeiner Garnison in Frankreich, und dort lernte er einen Mann kennen, der in der Fremdenlegion, an der Grenze zwischen Algerien und Marokko gewesen war, der ihm alle möglichen schrecklichen Dinge darüber erzählte, ziemlich grausige Details, und dieser Offizier sagte sich, du hast Angst! Und so meldete er sich zu dieser afrikanischen Truppe. Später, als er im Urlaub durch Südfrankreich fuhr, besuchte er ein Trappistenkloster. Er wußte nichts über diesen Orden, nichts über die Regeln der Mönche, er wußte nur, daß sie nicht redeten, daß sie nur lebten, um zu sterben. Plötzlich erschien ihm das als das Furchtbarste, was man tun könne, es machte ihm eine Gänsehaut, und er sagte sich: Diese Burschen tun es, geh hin und werde ein Trappist. Gesagt, getan; und als Trappist hatte er wieder ein Erlebnis. Er hörte von bestimmten Trappistenmönchen, die allein nach Marokko gegangen waren, um dort unter den Stämmen Missionsarbeit zu leisten, und daß manche von ihnen grausam ermordet worden seien. Wieder empfand er Furcht, deshalb wurde er Missionar und ging nach Marokko, und er wurde ermordet. Das ist das Ende dieser Geschichte. Das war ein Mann, der offensichtlich herausgefunden hatte, daß seiner Furcht zu folgen für ihn das ehrliche Bemühen war. Ich weiß nicht, wie ein solches Leben zu bewerten ist, ich habe keine Möglichkeit herauszufinden, ob es wunderbar oder schön war. Ich erzähle Ihnen diese Geschichte nur, um Ihnen zu zeigen, daß dieser Mann immer der Spur seiner Angst folgte. Ob das richtig für ihn war, ist nicht an uns zu beurteilen. Ich nehme an, wenn ich diesen Mann getroffen hätte, wenn er zur Analyse zu mir gekommen wäre, dann ist es durchaus möglich, daß sich das als sein Leben erwiesen hätte. Ich habe viele Fälle erlebt, wo Menschen sagten: Glauben Sie wirklich, daß ich mich dem oder jenem unterziehen muß? Ich antworte: Ich weiß es nicht, wir müssen es herausfinden. Traumanalyse 664 f.

*

Auf meinen zahlreichen Reisen bin ich Leuten begegnet, die sich auf ihrer dritten Weltreise befanden – ununterbrochen unterwegs. Stets auf Reisen und auf der Suche. In Zentralafrika habe ich eine Frau getroffen, die ganz allein im Auto von Gape Town heraufgekommen war und nach Kairo wollte. «Warum?» fragte ich sie. «Wozu wollen Sie das bloß tun?» Und ich war erstaunt, als ich ihr in die Augen sah – die Augen eines gehetzten, in die Enge getriebenen Tieres – immer nur suchend, stets in der Hoffnung, etwas zu finden. Ich sagte: «Was in aller Welt suchen Sie? Worauf warten Sie, wonach jagen Sie denn?» Sie ist geradezu besessen; sie ist von allen Teufeln besessen, die sie herumhetzen. Und weshalb ist sie besessen? Weil sie ein sinnloses Leben führt. Ihr Leben ist völlig und auf groteske Weise banal, vollkommen wertlos, sinnlos und ohne jedes Ziel. Wenn sie heute umgebracht wird, ist nichts geschehen, nichts ist verschwunden – weil sie nichts gewesen ist! Aber wenn sie sagen könnte: «Ich bin die Tochter des Mondes. Jede Nacht muß ich dem Mond, meiner Mutter, über den Horizont helfen» – ja, das wäre etwas anderes! Dann ist sie lebendig, dann hat ihr Leben eine Bedeutung, für alle Zeit und für die Gesamtheit der Menschheit. Das gibt inneren Frieden, wenn Menschen das Gefühl haben, daß sie das symbolische Leben führen, daß sie Schauspieler im göttlichen Drama sind. Das ist das einzige, was dem menschlichen Leben einen Sinn verleiht; alles andere ist banal, und man kann es beiseite lassen. Eine Karriere und das Zeugen von Kindern, das alles ist maja [Täuschung] im Vergleich mit dem einen, daß unser Leben Sinn hat. GW 18/I, 297 f.

*

Wenn Sie einsam sind, so liegt das daran, daß Sie sich isolieren; sind Sie bescheiden genug, dann bleiben Sie niemals einsam. Nichts isoliert uns mehr als Macht und Prestige. Versuchen Sie, herabzusteigen und Bescheidenheit zu lernen, und Sie werden nie allein sein!

Briefe III, 93

*

Unter dem Einfluß der naturwissenschaftlichen Voraussetzung erleidet nicht nur die Psyche, sondern der individuelle Mensch, ja das individuelle Ereignis überhaupt eine Nivellierung und Unkenntlichmachung, welche das Wirklichkeitsbild zu einer Durchschnittsidee entstellt. Man darf die psychologische Wirksamkeit des statistischen Weltbildes nicht unterschätzen: es verdrängt das Individuelle zugunsten anonymer Einheiten, die sich in Massengruppierungen aufhäufen. Damit treten an die Stelle des konkreten Einzelwesens Namen von Organisationen und an höchste Stelle der abstrakte Begriff des Staates als das Prinzip der politischen Realität. Unvermeidlich wird damit die moralische Verantwortlichkeit des Einzelnen durch die Staatsräson ersetzt. An die Stelle der moralischen und geistigen Differenzierung des Individuums treten öffentliche Wohlfahrt und Erhöhung des Lebensstandards. Das Ziel und der Sinn des Einzellebens (welches ja das einzig wirkliche Leben ist!) liegt nicht mehr in der individuellen Entwicklung, sondern in der von außen dem Menschen aufgepreßten Staatsräson, nämlich in der Durchführung eines abstrakten Begriffes, der die Tendenz hat, schließlich alles Leben an sich zu ziehen. Dem Individuum wird die moralische Entscheidung und Führung seines Lebens zunehmend entzogen, und es wird dafür als soziale Einheit verwaltet, ernährt, gekleidet, ausgebildet, in entsprechenden Unterkunftseinheiten logiert und amüsiert, wofür das Wohlbefinden und die Zufriedenheit der Masse den idealen Maßstab abgeben. Die Verwalter ihrerseits sind ebensolche soziale Einheiten wie die Verwalteten und zeichnen sich nur dadurch aus, daß sie spezialisierte Vertreter der Staatsdoktrin sind. Diese braucht keine urteilsfähigen Persönlichkeiten, sondern durchwegs Spezialisten, die außerhalb ihres Faches nicht verwendungsfähig sind. Die Staatsräson entscheidet, was gelehrt und was studiert werden soll. GW 10, 281

*

Wenn das Leben eines Menschen sich zur Hälfte aus Glück und zur andern aus Unglück zusammensetzt, so ist das wohl das Optimum, das erstrebt werden kann, und es bleibt für immer eine ungelöste Frage, ob das Leiden mehr erzieht oder mehr demoralisiert.

Briefe II, 484 f.

[Es ist durchaus] möglich, daß ein Mann die Einstellung beibehält, die er hatte, als sein Vater noch lebte, und in einer provisorischen Weise weiterlebt. Wir haben alle dasselbe getan. Fragen Sie sich, ob das nicht auch für Sie gilt. Es ist die größte Versuchung, von der Annahme auszugehen, daß sich «die Dinge irgendwie arrangieren werden», und danach zu leben. Das ist ein Vaterkomplex, ein positiver. Wenn ein Mensch einen negativen Vaterkomplex hat, dann glaubt er, daß sich nichts im Leben für ihn arrangieren wird.

Traumanalyse 192

*

Ich habe zwei Fälle von Söhnen erlebt, die zusammenbrachen, als ihr Vater starb. Sie hatten das provisorische Leben geführt und es für die Realität gehalten. Als ihnen der Vater genommen wurde, brachen sie daher zusammen.

Das erinnert mich an eine Geschichte von Alphonse Daudet, *Tartarin de Tarascon*. Tartarin war der größte Angeber und Windbeutel in der ganzen Provence. Er ist zwar Mitglied des Alpenvereins, aber er hat noch nie Berge in der Schweiz bezwungen, deshalb beschließt er, hinzufahren und den Rigi zu besteigen. Er trifft mit einem Sonnenhelm und der gesamten Ausrüstung des erfahrenen Bergsteigers ein. Er muß feststellen, daß eine Zahnradbahn bis auf den Gipfel führt; und es wimmelt von uninteressanten englischen Touristen. Er besäuft sich und wettert gegen soviel Dummheit, dann hört er, daß der Rigi keineswegs der höchste Berg sei, er solle es mit der Jungfrau versuchen. Also macht er sich mit zwei Bergführern auf den Weg. Es besteht nicht die geringste Gefahr, alles ist von der Compagnie Anglo-Suisse für Touristen eingerichtet. Er lacht, es ist alles so leicht, dann fährt er nach Hause und erzählt die haarsträubendsten Lügen über seine Abenteuer. Einer seiner Freunde bezweifelt die Wahrheit dieser Geschichten und fordert ihn heraus, den Mont Blanc ohne Führer zu besteigen. Die zwei machen sich also auf den Weg, und Tartarin merkt sehr bald, daß es diesmal ernst ist, daß es ein Duell auf Leben und Tod ist. Sie verirren sich im mer de glace, Nebelschwaden steigen auf, alles ist finster und angsterregend! Wenn wir abstürzen, sterben wir. Bei Gott, das ist wirklich! Sie seilen sich an und versuchen, auf dem Gletscher zu gehen. Plötzlich spürt Tartarin einen Ruck am Seil; er zieht blitzschnell sein Taschenmesser und schneidet das Seil hinter sich durch und steht jetzt da mit seinem Schwänzchen. Nachdem er dem Tod mehrmals um Haaresbreite entronnen ist, schafft er es, nach Chamonix zurückzukriechen. Zu Hause erzählt er seinen Freunden von seiner Waghalsigkeit und seinem Mut, und daß sein Gefährte in seinen Armen gestorben sei. Mehrere Tage danach tauchte sein Freund auf und sagte ganz erstaunt: «Aber, du bist ja gar nicht tot!» Des Rätsels Lösung offenbarte sich, als die Bergführer das Seil fanden, das an beiden Enden abgeschnitten war. Dies ist ein Beispiel für provisorisches Leben.

Traumanalyse 191 f.

Vater- wie Mutterkomplexe projizieren eine Menge Energie in unpersönlicher oder überpersönlicher Weise. Es ist, als ob ich bestimmte eigene Qualitäten jemand anderem zuschreiben würde, als ob sie dieser anderen Person und nicht mir gehörten. Warum tun wir das? Ist da ein Gewinn dabei? Ein Verlust? [... Man hat] den Vorteil, ein provisorisches Leben führen zu können. Wenn ich ein Vermögen geerbt hätte, was glücklicherweise nicht der Fall ist, und es verschenken könnte, dann würde ich zwar das Vermögen verlieren, aber gleichzeitig hätte ich auch nicht die Verantwortung dafür. Wenn wir also unsere Eigenschaften auf den Vater projizieren können, dann sind wir der Verantwortung für sie ledig und können das provisorische Leben führen. Wir können ungestört leben, weil wir dem Vater all die Eigenschaften überlassen haben, für die wir allein verantwortlich sind. Traumanalyse 195

*

Ich gebe zu, es ist nicht leicht, die richtige Formel zu finden; aber wenn man sie findet, hat man ein Ganzes aus sich gemacht, und das ist, glaube ich, der Sinn des menschlichen Lebens. Briefe I, 298

*

Wer ein provisorisches Leben führt, befindet sich in einer Metallhülse, es gibt keinen Zugang zu ihm.

Traumanalyse 200

Bewußtwerden

[Der] biblische Sündenfall läßt das Bewußtwerden als einen Fluch erscheinen. Und als solcher erscheint uns in der Tat jedes Problem, das uns zu größerer Bewußtheit nötigt und uns dadurch das Paradies kindhafter Unbewußtheit in noch größere Entfernung rückt. GW 8, 428; Grundw. 9, 62

*

Wo es sich um Probleme handelt, da weigern wir uns instinktiv, durch Dunkelheiten und Unklarheiten hindurchzugehen. Wir wünschen nur von eindeutigen Resultaten zu hören und vergessen dabei völlig, daß diese Resultate überhaupt nur dann existieren können, wenn wir die Dunkelheit durchschritten haben. Um aber die Dunkelheit durchdringen zu können, müssen wir alles aufbieten, was unser Bewußtsein an Erleuchtungsmöglichkeiten besitzt.

GW 8, 428; Grundw. 9, 62f.

*

Es war gewiß eine große Zweckmäßigkeit für den Menschen, überhaupt imstande zu sein, seinem Leben Richtung zu geben. Die Erlangung der Vernünftigkeit sei die größte Errungenschaft der Menschheit, kann man mit Fug und Recht behaupten. Aber es ist nicht gesagt, daß es unter allen Umständen so weitergehen müsse oder werde. GW 7, 57

*

Gibt es denn eine Berufung oder ein sinnvolles Leben, das nicht irgendwelche Opfer verlangt? Auf der Suche nach Bewußtheit gibt es nirgends absolute Sicherheit. Zweifel und Unsicherheit sind unerläßliche Komponenten eines vollständigen Lebens. Nur wer sein Leben wirklich verlieren kann, wird es gewinnen. Ein «vollständiges» Leben besteht nicht in theoretischer Vollständigkeit, sondern darin, daß man vorbehaltlos gerade das Schicksalsgewebe akzeptiert, in das man sich verflochten sieht, daß man versucht, einen Sinn hineinzubringen und aus dem chaotischen Durcheinander, in das man geboren ist, einen Kosmos zu erschaffen. Lebt man das Leben richtig und ganz, dann gerät man immer wieder in eine Situation, bei der man meint: «Das ist zu viel. Ich kann es nicht länger ertragen.» Dann ist die Frage zu beantworten: «Kann man es wirklich nicht ertragen?» Briefe II, 394

*

Wir beginnen die Natur des Konflikts als ein moralisches und geistiges Problem zu erkennen und bemühen uns, irgendeine Lösung dafür zu finden. Wir werden uns langsam der Tatsache bewußt, daß atomare Rüstung eine verzweifelte und unerwünschte Lösung darstellt, weil sie ein zweischneidiges Schwert ist. Wir begreifen, daß moralische und geistige Mittel schon insofern wirksamer sein würden, als sie uns gegen die immer mehr um sich greifende Infektion psychisch immunisieren könnten. Aber alle diese Bemühungen erweisen sich als höchst unwirksam und werden es auch solange bleiben, als wir uns und die Welt zu überzeugen versuchen, daß sie, unsere Gegenspieler, moralisch und philosophisch völlig im Unrecht sind. Wir erwarten, daß *sie* sich erkennen und ihre Irrtümer einsehen sollen, statt daß wir selber uns ernsthaft darum bemühen, unseren Schatten und seine dunklen Machenschaften zu erkennen. Könnten wir unseren Schatten sehen, so wären wir gegen jegliche moralische und geistige Infektion und Unterwanderung immunisiert. Aber solange dies nicht der Fall ist, sind wir jeder Ansteckung ausgesetzt, denn wir tun ja praktisch das gleiche wie sie, nur mit dem zusätzlichen Nachteil, daß wir weder sehen noch sehen wollen, was wir unter dem Deckmantel unserer guten Manieren eigentlich treiben. GW 18/I, 266

*

Wir glauben an den Wohlfahrtsstaat, an den Weltfrieden, mehr oder weniger an die Gleichberechtigung aller Menschen, an die ewiggültigen Menschenrechte, an Gerechtigkeit und Wahrheit und (nicht zu laut) an das Reich Gottes auf Erden.

In Wirklichkeit ist es traurige Wahrheit, daß unsere Welt und das Leben aus unerbittlichen Gegensätzen besteht, aus Tag und Nacht, Wohlergehen und Leid, Geburt und Tod, Gut und Böse. Wir sind nicht einmal sicher, daß eines das andere aufwiegt, das Gute das Böse oder die Freude den Schmerz. Leben und Welt sind ein Schlachtfeld, waren es immer schon und werden es immer sein, und wäre dies nicht der Fall, so würde das Dasein bald ein Ende nehmen. Einen ausgewogenen Zustand gibt es nirgends. GW 18/I, 266 f.

*

Der Zweifel ist die Krone des Lebens, weil in ihm Wahrheit und Irrtum zusammenkommen. Zweifel ist Leben, Wahrheit ist manchmal Tod und Stagnation. Wenn wir zweifeln, haben wir die größte Chance, die dunklen und hellen Seiten des Lebens miteinander zu vereinigen. Traumanalyse 117 f.

*

Nach meiner persönlichen Auffassung ist die Lebensenergie oder die Libido des Menschen das göttliche Pneuma, und es war meine geheime Absicht, diese Überzeugung dem Verständnis meiner Kollegen nahezubringen. Briefe I, 475

*

Der Paradoxie des Lebens ist keine Regel gewachsen. Die moralische Regel stellt, wie das Naturgesetz, nur einen Teilaspekt der Wirklichkeit dar. Alle Überlegungen dieser Art hindern aber ganz und gar nicht, daß man selber gewissen «regelmäßigen» Gewohnheiten *unbewußterweise* folgt, was man selber nicht merkt, sondern nur durch vorsichtige Befragung der Umwelt in Erfahrung bringen kann. Selten aber gelüstet es einen, das, was man über sich selber nicht wissen möchte, durch Zeugen feststellen zu lassen, und man zieht es vor, sich dafür eine Regel aufzustellen, die in diametralem Gegensatz steht zu dem, was man in Wirklichkeit tut. GW 18/II, 669 f.

*

Leben und Geist sind zwei Mächte, oder Notwendigkeiten, zwischen die der Mensch hineingestellt ist. Der Geist gibt seinem Leben Sinn und die Möglichkeit größter Entfaltung. Das Leben aber ist dem Geiste unerläßlich, denn seine Wahrheit ist nichts, wenn sie nicht leben kann. GW 8, 369

*

Ich muß gestehen, daß ich nicht weiß, was Geist schlechthin ist, ebensowenig weiß ich, was Leben ist. Ich kenne «Leben» nur in Gestalt des lebenden Körpers; was es dagegen an und für sich, in einem abstrakten Zustande, außer einem bloßen Wort noch sein könnte, vermag ich nicht einmal dunkel zu ahnen. So muß ich wohl zunächst, statt von Leben, vom lebenden Körper und, statt von Geist, vom Seelischen reden. GW 8, 352

*

Viele Leute erkennen niemals, was sie wirklich sind, dank ihrer Schubladenpsychologie. Sie haben immer das großartige gute Gewissen des Verbrechers; sie ziehen nicht Bilanz, betrachten ihr Leben nicht als ein Ganzes. Ich habe Leute bei ihrer Beschreibung durch Freunde oder beim Wiederlesen ihres Tagebuchs oft sagen hören: «Ich war entsetzt, als ich all das hörte!»

Aber häufiger lassen es die Menschen nicht dazu kommen – sie fürchten es zu sehr. Zum Beispiel ist einmal ein sehr extravertierter Mann zu mir gekommen. Er war von frühmorgens bis spätabends beschäftigt, deshalb sagte ich zu ihm: «Sie sollten täglich wenigstens eine Stunde lang stillsitzen und darüber nachdenken, was Sie tun.» Er antwortete: «Nun, ich könnte mit meiner Frau Klavier spielen oder ihr vorlesen oder Karten spielen.» Er konnte sich nicht von der Vorstellung losreißen, daß jemand bei ihm sein sollte. Als ich ihm schließlich klarmachte, daß ich meinte, er solle allein sein, sagte er: «Dann werde ich ziemlich melancholisch.» Ich sagte: «Jetzt sehen Sie, welche Art von Gesellschaft Sie für sich selbst sind. Ich möchte, daß Sie sehr deprimiert werden und erkennen, was Sie leben.» Dazu war er nicht bereit. Dieser Mann führte ein erstaunliches Leben in einzelnen Kammern. Wenn er mit sich allein war, dann war er in der schlechtestmöglichen Gesellschaft; ein Lebensteil nach dem andern machte sich bemerkbar, und er konnte es einfach nicht ertragen. Es gibt Leute, die vor ihrem ganzen Leben davonrennen. Traumanalyse 254

*

Wenn man den rasenden Lebenswillen aufgeben kann und wenn es einem vorkommt, als fiele man in bodenlosen Nebel, dann beginnt das wahre Leben mit allem, wozu man gemeint war und was man nie erreichte. Das ist etwas unaussprechlich Großes.

Briefe I, 443

Die Welt kommt zum Stillstand ohne Konflikte. Dies wirft ein Licht auf die Theorie der Komplexe. Wohlmeinende Menschen nehmen an, daß die Analyse erfunden wurde, durch göttliche Fügung, damit die Menschen von ihren Komplexen befreit würden. Aber ich behaupte, daß es ohne Komplexe keine Energie geben kann. Sie sind der Brennpunkt, ja geradezu die Mutter der Energie. Jenes kann also unmöglich die Aufgabe der Analyse sein – wenn Gott das gemeint hätte, dann würde er das ganze Karussell zum völligen Stillstand bringen. Traumanalyse 460

*

Nur hier, im irdischen Leben, wo die Gegensätze zusammenstoßen, kann das allgemeine Bewußtsein erhöht werden. Das scheint die metaphysische Aufgabe des Menschen zu sein, die er aber ohne «mythologein» nur teilweise erfüllen kann. Der Mythos ist die unvermeidliche und unerläßliche Zwischenstufe zwischen dem Unbewußten und der bewußten Erkenntnis. Erinnerungen 314

*

Der unerträglich scheinende Konflikt beweist die Richtigkeit Ihres Lebens. Denn ein Leben ohne inneren Widerspruch ist entweder erst das halbe Leben, oder ein Leben im Jenseits, das aber nur für Engel bestimmt ist. Gott liebt aber die Menschen mehr als die Engel. Briefe I, 463

Religiöse Erfahrung

[Es gibt] in unserer Zeit unzählige Menschen, die ihren Glauben an die eine oder andere der Weltreligionen verloren haben. Sie finden keinen Zugang mehr zu ihnen. Während das Leben ohne sie reibungslos weitergeht, bleibt der Verlust so gut wie unbemerkt. Bricht aber das Leid über einen herein, verändern sich die Verhältnisse oft schlagartig. Dann sucht man nach Auswegen und beginnt über den Sinn des Lebens und die bestürzenden Erfahrungen, die es mit sich bringt, nachzudenken. GW 18/I, 267

*

Religiöse Erfahrung ist absolut. Man kann darüber nicht disputieren. Man kann nur sagen, daß man niemals eine solche Erfahrung gehabt habe, und der Gegner wird sagen: «Ich bedaure, aber ich hatte sie.» Und damit wird die Diskussion zu Ende sein. Es ist gleichgültig, was die Welt über die religiöse Erfahrung denkt; derjenige, der sie hat, besitzt den großen Schatz einer Sache, die ihm zu einer Quelle von Leben, Sinn und Schönheit wurde und die der Welt und der Menschheit einen neuen Glanz gegeben hat. Er hat Pistis [Glauben und Vertrauen] und Frieden. Wo ist das Kriterium, welches zu sagen erlaubte, daß solch ein Leben nicht legitim, daß solch eine Erfahrung nicht gültig und solch eine Pistis bloße Illusion sei? Gibt es tatsächlich irgendeine bessere Wahrheit über letzte Dinge als diejenige, die einem hilft zu leben?

GW 11, 124; Grundw. 4, 106

*

Das ist das Geheimnis der katholischen Kirche: daß sie einen bis zu einem gewissen Grade immer noch ein sinnvolles Dasein führen läßt. Wenn man, zum Beispiel, täglich das Opfer mit ansehen kann, wenn man an seiner Substanz teilhaben kann, dann ist man mit der Gottheit erfüllt, und man wiederholt jeden Tag das ewige Opfer Christi. Was ich hier sage, sind natürlich bloß Worte, doch für den Menschen, der das wirklich lebt, bedeutet es eine Welt. Es bedeutet mehr als die Welt, weil es für ihn sinngebend ist. Es bringt das Verlangen der Seele zum Ausdruck; es drückt die Grundtatsachen unseres unbewußten Lebens aus. Wenn der Weise sagt: «Die Natur verlangt den Tod», dann hat er genau das damit gemeint.

GW 18/I, 298

*

Es gibt eine schöne alte Legende von einem Rabbi, zu dem ein Schüler kam und fragte: «Früher gab es Menschen, die Gott von Angesicht gesehen haben; warum gibt es sie heute nicht mehr?» Da antwortete der Rabbi: «Weil sich heute niemand mehr so tief bücken kann.» Man muß sich schon etwas bücken, um aus dem Strom zu schöpfen.

Erinnerungen 357

Aber was ist der Unterschied zwischen einer realen Illusion und einer heilenden religiösen Erfahrung? Es ist bloß ein Unterschied in Worten. Man kann zum Beispiel sagen, das Leben sei eine Krankheit mit einer sehr schlechten Prognose: es zieht sich jahrelang hin, um mit dem Tode zu enden; oder die Normalität sei ein allgemein vorherrschender, konstitutioneller Defekt; oder der Mensch sei ein Tier mit einem verhängnisvoll überentwickelten Gehirn. Diese Art des Denkens ist das Vorrecht von gewohnheitsmäßigen Nörglern mit schlechter Verdauung. Niemand kann wissen, was die letzten Dinge sind. Wir müssen sie deshalb so nehmen, wie wir sie erfahren. Und wenn eine solche Erfahrung dazu hilft, das Leben gesünder oder schöner oder vollständiger oder sinnvoller zu gestalten, für einen selbst und für die, die man liebt, so kann man ruhig sagen: «Es war eine Gnade Gottes.»

GW 11, 124; Grundw. 4, 106 f.

*

[Meine Werke] sind im Grunde genommen nichts anderes als immer erneute Versuche, eine Antwort auf die Frage nach dem Zusammenspiel von «Diesseits» und «Jenseits» zu geben. Ich habe aber nie expressis verbis über ein Leben nach dem Tode geschrieben; denn dann hätte ich meine Gedanken belegen müssen, und das kann man nicht. Nun, jetzt spreche ich sie eben aus.

Ich kann aber auch jetzt nicht mehr tun als Geschichten darüber erzählen – «mythologein». Vielleicht braucht es die Nähe des Todes, um die Freiheit zu erlangen, die dazu nötig ist. Erinnerungen 302

*

Ein Mensch, dessen Herz nicht gewandelt ist, wird das Herz keines anderen Menschen verändern.

GW 18/I, 653

*

Wenn die Psyche des Menschen etwas ist, so ist sie unabsehbar kompliziert und von einer unbeschränkten Mannigfaltigkeit, der mit bloßer Triebpsychologie unmöglich beizukommen ist. Ich kann nur in tiefster Bewunderung und Ehrfurcht anschauend stille stehen vor den Abgründen und Höhen seelischer Natur, deren unräumliche Welt eine unermeßliche Fülle von Bildern birgt, welche Jahrmillionen lebendiger Entwicklung aufgehäuft und organisch verdichtet haben. Mein Bewußtsein ist wie ein Auge, das fernste Räume in sich faßt, das psychische Nicht-Ich aber ist das, was diesen Raum unräumlich erfüllt. Und diese Bilder sind nicht blasse Schatten, sondern mächtig wirkende seelische Bedingungen, die wir nur mißverstehen, aber niemals durch Leugnung ihrer Macht berauben können. Neben diesem Eindruck vermöchte ich nur noch den Anblick des gestirnten nächtlichen Himmels stellen, denn das Äquivalent der Welt innen ist nur die Welt außen, und wie ich diese Welt durch das Medium des Körpers erreiche, so erreiche ich jene Welt durch das Medium der Seele. GW 4, 381 f.

Es gibt ein irrationales, inneres, psychisches Leben, das sogenannte «geistige Leben», von dem, mit Ausnahme einiger «Mystiker», fast niemand mehr etwas weiß oder wissen will. Das «innere Leben» wird meist als Unsinn betrachtet und soll tunlichst ausgeschaltet werden. Merkwürdigerweise gilt das heute für den Osten ebenso wie für den Westen. Und doch liegt im Innern des Menschen der Ursprung und der unversiegbare Quell für Yoga, Zen und viele andere geistige Strömungen des Ostens und des Westens.

Briefe III, 348

Mitte des Lebens

Nur im Einzelnen
kann das Leben
seinen Sinn erfüllen.

GW 16, 117

In der jugendlichen Expansion erscheint uns das Leben als ein immer breiter werdender Strom, und diese Überzeugung begleitet uns oft noch weit über den Mittag unseres Daseins hinaus. Doch wenn wir auf die leiseren Stimmen unserer tieferen Natur hören, werden wir uns der Tatsache bewußt, daß schon bald nach der Lebensmitte die Seele ihr geheimnisvolles Werk beginnt und den Abschied vorbereitet. Aus dem Getümmel und der Wirrnis unseres Lebens beginnt sich die eine kostbare Blüte des Geistes zu entfalten, die vierblättrige Blüte des unsterblichen Lichtes, und selbst wenn unser sterbliches Bewußtsein dieses geheimnisvollen Vorgangs nicht gewahr sein sollte, vollbringt er doch in der Stille sein Läuterungswerk.

GW 18/II, 815 f.

*

Der Wege, die zur Bewußtwerdung führen, sind manche, aber sie folgen doch gewissen Gesetzen. Im allgemeinen beginnt die Wandlung mit dem *Anbruch der zweiten Lebenshälfte*. Die Mitte des Lebens ist eine Zeit höchster psychologischer Wichtigkeit. Das Kind beginnt sein psychologisches Leben im Engsten, im Bannkreis der Mutter und der Familie. Mit fortschreitender Reifung erweitern sich der Horizont und die eigene Einflußsphäre. Hoffnung und Absicht zielen auf Erweiterung der persönlichen Macht- und Besitzsphäre, das Begehren greift nach der Welt in immer weiterem Umfang. Der Wille des Individuums wird immer mehr identisch mit den Naturzwecken der unbewußten Motivationen.

So haucht der Mensch den Dingen gewissermaßen sein Leben ein, bis sie schließlich anfangen, von selbst zu leben und sich zu vermehren, und unmerklich wird er von ihnen überwachsen. Mütter werden von ihren Kindern überholt, Männer von ihren Schöpfungen, und was erst mühsam, vielleicht mit größter Anstrengung ins Dasein gebracht wurde, kann nicht mehr angehalten werden. Erst war es Leidenschaft, dann wurde es Verpflichtung, und schließlich wird es unerträgliche Last, ein Vampir, der das Leben seines Schöpfers in sich gesogen hat. Die Mitte des Lebens ist der Moment größter Entfaltung, wo der Mensch noch mit seiner ganzen Kraft und seinem ganzen Wollen in seinem Werke steht. Aber in diesem Augenblicke auch wird der Abend geboren, die zweite Lebenshälfte beginnt. Die Leidenschaft ändert ihr Gesicht und heißt jetzt Pflicht, das Wollen wird unerbittlich zum Muß, und die Wendungen des Weges, die früher Überraschung und Entdeckung waren, werden zur Gewohnheit. Der Wein hat vergoren und beginnt sich zu klären. Man entwickelt konservative Neigungen, wenn alles wohl steht. Statt vorwärts blickt man häufig unwillkürlicherweise rückwärts und beginnt, sich Rechenschaft zu geben über die Art und Weise, wie sich das Leben bisher entwickelt hat. Man sucht nach seinen wirklichen Motivationen und macht Entdeckungen. Die kritische Betrachtung seiner selbst und seines Schicksals läßt den Menschen seine Eigenart erkennen. Aber diese Erkenntnisse fließen ihm nicht ohne weiteres zu. Nur durch gewaltsame Erschütterungen werden solche Erkenntnisse gemacht.

GW 17, 219; Grundw. 9, 51 f.

*

Man hält den Zeiger an und bildet sich ein, die Zeit stehe dann still. Ist man mit einiger Verspätung schließlich doch auf einem Gipfel gelangt, so setzt man sich psychologisch auch dort wieder zur Ruhe.

GW 8, 447; Grundw. 9, 80

*

Der Durchgang von der Vergangenheit in die Zukunft geht durch den Tod. Kinderträume 103

*

Ein vertieftes Wissen über die Seele und ihre Geheimnisse könnte Sie von der Faszination befreien, unter der Sie leiden. In der zweiten Lebenshälfte sollte man die innere Welt kennenlernen. Das ist ein allgemeines Problem. Briefe III, 140

*

Die großen Lebensprobleme sind nie auf immer gelöst. Sind sie es einmal anscheinend, so ist es immer ein Verlust. Ihr Sinn und Zweck scheint nicht in ihrer Lösung zu liegen, sondern darin, daß wir unablässig an ihnen arbeiten. Das allein bewahrt uns vor Verdummung und Versteinerung. So ist auch die Lösung der Probleme des Jugendalters durch die Beschränkung auf das Erreichbare nur temporär gültig und, im Grunde genommen, nicht von Dauer. Es ist unter allen Umständen eine ganz erhebliche Leistung, sich eine soziale Existenz zu erkämpfen und seine ursprüngliche Natur so umzuformen, daß sie in diese Existenzform mehr oder weniger hineinpaßt. Es ist ein Kampf nach innen und außen. GW 8, 434; Grundw. 9, 68

*

Daß der Gipfel des Lebens durch die Symbolik des Todes ausgedrückt wird, ist eine bekannte Tatsache, denn das Sich-selber-Überwachsen bedeutet einen Tod. GW 5, 366

*

Unser Leben ist nicht von uns allein gemacht. Zum größten Teil entstand es aus uns verborgenen Quellen. Sogar Komplexe können ein Jahrhundert oder länger vor der Geburt ihren Anfang nehmen. Es gibt so etwas wie ein Karma. Briefe II, 47

*

Ich glaube, daß Leiden ein wesentlicher Bestandteil des menschlichen Lebens ist, ohne den wir niemals irgend etwas tun würden. Briefe I, 299

Was sich hie und da in dieser Hinsicht ereignete, nämlich, daß einer aus dunklen Möglichkeiten sich selber überwuchs, wurde mir zu wertvollster Erfahrung. Ich hatte nämlich inzwischen einsehen gelernt, daß die größten und wichtigsten Lebensprobleme im Grunde genommen alle unlösbar sind; sie müssen es auch sein, denn sie drücken die notwendige Polarität, welche jedem selbstregulierenden System immanent ist, aus. Sie können nie gelöst, sondern nur überwachsen werden. Ich fragte mich daher, ob diese Möglichkeit des Überwachsens, nämlich der weiteren seelischen Entwicklung, nicht überhaupt das normale Gegebene und darum das Steckenbleiben an oder in einem Konflikt das Krankhafte sei. Jeder Mensch müßte eigentlich jenes höhere Niveau wenigstens als Keim besitzen und diese Möglichkeit unter günstigen Umständen entwickeln können. GW 13, 24 f.

*

Die Erfahrung gab mir insofern recht, als ich des öfteren sah, wie Menschen ein Problem einfach überwuchsen, an dem andere völlig scheiterten. Dieses «Überwachsen», wie ich es früher nannte, stellte sich bei weiterer Erfahrung als eine Niveauerhöhung des Bewußtseins heraus. Irgendein höheres und weiteres Interesse trat in den Gesichtskreis, und durch diese Erweiterung des Horizontes verlor das unlösbare Problem die Dringlichkeit. Es wurde nicht in sich selber logisch gelöst, sondern verblaßte gegenüber einer neuen und stärkeren Lebensrichtung. Es wurde nicht verdrängt und unbewußt gemacht, sondern erschien bloß in einem anderen Licht, und so wurde es auch anders. Was auf tieferer Stufe Anlaß zu den wildesten Konflikten und zu panischen Affektstürmen gegeben hätte, erschien nun, vom höheren Niveau der Persönlichkeit betrachtet, wie ein Talgewitter, vom Gipfel eines hohen Berges aus gesehen. Damit ist dem Gewittersturm nichts von seiner Wirklichkeit genommen, aber man ist nicht mehr darin, sondern darüber.

GW 13, 24

*

Für den erwachsenen Menschen der zweiten Lebenshälfte [...] ist die beständige Erweiterung des Lebens offenkundig nicht mehr das richtige Prinzip, denn der Abstieg am Nachmittag des Lebens verlangt Vereinfachung, Einschränkung und Verinnerlichung, das heißt also individuelle Kultur. GW 8, 72

*

Unser Leben ist wie der Sonnenlauf. Am Morgen gewinnt die Sonne stetig an Kraft, bis sie zuletzt strahlend und heiß die Mittagshöhe erreicht. Dann kommt die Enantiodromie [das Auseinandergerissensein in die Gegensatzpaare]. Ihre stetige Vorwärtsbewegung bedeutet nicht mehr Zu-, sondern Abnehmen der Kraft. So ist unsere Aufgabe beim jugendlichen Menschen eine andere als beim alternden Menschen. Bei ersterem genügt es, alle Hindernisse, die die Ausdehnung und den Aufstieg erschweren, wegzuräumen; bei letzterem aber müssen wir alles fördern, was den Abstieg unterstützt. Ein jugendlich Unerfahrener denkt wohl, man könne die Alten gehen lassen, mit denen sei sowieso nichts mehr los, die hätten ihr Leben hinter sich und taugten nur noch als petrifizierte Stützen der Vergangenheit. Es ist aber ein großer Irrtum, anzunehmen, daß der Sinn des Lebens mit der Jugend- und Ausdehnungsphase erschöpft [...] sei.

GW 7, 81 f.

*

Wer es aber darauf abgesehen hätte, alles, was wachsen will, zum äußersten Gedeihen zu bringen, der wird es bald erleben, daß das Unkraut, das stets am besten gedeiht, ihm über den Kopf wächst. Ich erachte es daher für die vornehmste Aufgabe der Psychotherapie in unserer Gegenwart, unentwegt dem Ziel der Entwicklung des Einzelnen zu dienen. Damit folgt unsere Bemühung dem Streben der Natur, in jedem Individuum die größtmögliche Fülle des Lebens zu entfalten, denn nur im Einzelnen kann das Leben seinen Sinn erfüllen, nicht aber im Vogel, der in einem vergoldeten Käfig sitzt. GW 16, 117; Grundw. 1, 72

*

Es gibt immer einen Fehler im Kristall. Die Vollkommenheit erreichen wir nie. GW 18/I, 115

*

Der Nachmittag des menschlichen Lebens ist ebenso sinnreich wie der Vormittag, nur sind sein Sinn und seine Absicht ganz andere. Der Mensch hat zweierlei

Zwecke; der erste ist der *Naturzweck*, die Erzeugung von Nachkommenschaft und alle Geschäfte des Brutschutzes, wozu Gelderwerb und soziale Stellung gehören. Wenn dieser Zweck erschöpft ist, beginnt eine andere Phase: der *Kulturzweck*. Zur Erreichung des ersten Zieles hilft die Natur und überdies die Erziehung; zur Erreichung des letzteren Zieles hilft uns wenig oder nichts. GW 7, 82

*

Mit der Erlangung der Reife und des Höhepunktes des biologischen Lebens, welcher ungefähr mit der Lebensmitte zusammenfällt, hört aber die Zielstrebigkeit des Lebens keineswegs auf. Mit derselben Intensität und Unaufhaltsamkeit, mit der es vor der Lebensmitte bergauf ging, geht es jetzt bergab, denn das Ziel liegt nicht auf dem Gipfel, sondern im Tale, wo der Aufstieg begann. GW 8, 446 f.; Grundw. 9, 80

*

Wie früher die Furcht als Hemmnis vor dem Leben stand, so steht sie jetzt vor dem Tode. Es wird zwar zugegeben, daß man aus Furcht vor dem Leben sich beim Aufstieg verspätet hat, erhebt aber jetzt gerade wegen der Verspätung einen um so größeren Anspruch auf das Festhalten der erreichten Höhe. Es ist zwar offenkundig geworden, daß das Leben sich trotz allen Widerständen (die jetzt – ach so sehr – bereut werden) durchgesetzt hat, aber ungeachtet dieser Erkenntnis wird jetzt doch wieder versucht, das Leben stillzustellen. Damit verliert die Psychologie eines solchen Menschen ihren natürlichen Boden. Sein Bewußtsein steht in der Luft, während unter ihm die Parabel mit vermehrter Geschwindigkeit absinkt.

GW 8, 447; Grundw. 9, 80

*

Ein Mann in der Lebensmitte fühlt sich noch jung, und Alter und Tod liegen ihm ferne. Etwa mit sechsunddreißig Jahren überschreitet er aber den Zenit des Lebens, ohne sich der Bedeutung dieser Tatsache bewußt zu sein. Ist er nun ein Mensch, der nach seiner ganzen Veranlagung und Begabung ein allzugroßes Unbewußtsein nicht erträgt, so wird ihm die Erkenntnis dieses Momentes vielleicht in Form eines archetypischen Traumes aufgedrängt. Vergeblich wird er sich mit Hilfe eines sorgfältig aufgenommenen Kontextes bemühen, den Traum zu verstehen, denn dieser drückt sich in fremdartigen mythologischen Formen aus, die dem Träumer nicht geläufig sind. Der Traum benützt kollektive Figuren, weil er ein ewiges, unendlich sich wiederholendes menschliches Problem und nicht eine persönliche Gleichgewichtsstörung auszudrücken hat. GW 8, 322; Grundw. 1, 179

*

Aufs tiefste unvorbereitet treten wir in den Lebensnachmittag, schlimmer noch, wir tun es unter der falschen Voraussetzung unserer bisherigen Wahrheiten und Ideale. Wir können den Nachmittag des Lebens nicht nach demselben Programm leben wie den Morgen, denn was am Morgen viel ist, wird am Abend wenig sein, und was am Morgen wahr ist, wird am Abend unwahr sein. Ich habe zu viele alte Leute behandelt und in die Geheimkammern ihrer Seelen geblickt, um nicht von der Wahrheit dieser Grundregel erschüttert zu sein. GW 8, 438; Grundw. 9, 73

*

Ich sagte vorhin, daß wir keine Schulen für Vierzigjährige hätten. Das ist nicht ganz wahr. Unsere Religionen sind seit alters solche Schulen oder waren es einmal. Aber für wie viele sind sie es noch? Wie viele von uns älteren Leuten sind in einer solchen Schule wirklich für das Geheimnis der zweiten Lebenshälfte, für das Greisenalter, den Tod und die Ewigkeit erzogen worden? GW 8, 438; Grundw 9, 73

*

Es ist schwer zu sehen, welch andere Zielpunkte die zweite Lebenshälfte haben sollte als diejenigen der ersten: Erweiterung des Lebens, Nützlichkeit, Wirksamkeit, Figurmachen im sozialen Leben, umsichtige Bugsierung der Nachkommenschaft in passende Ehen und gute Stellungen – Lebenszweck genug! Leider nicht genügend Sinn und Zweck für viele, die im Altern nur das bloße Abnehmen des Lebens erblicken und die früheren Ideale als verblaßt und verbraucht zu empfinden vermögen! Gewiß, hätten diese Menschen früher schon ihre Lebensschale bis zum Überfließen gefüllt und bis zum Grunde geleert, so würden sie jetzt wohl anders empfinden, sie hätten nichts zurückgehalten, alles, was brennen wollte, wäre verbrannt, und die Stille des Alters wäre ihnen willkommen. Aber wir dürfen nicht vergessen, daß die wenigsten Menschen Lebenskünstler sind und daß zudem die Lebenskunst die vornehmste und seltenste aller Künste ist – den ganzen Becher in Schönheit zu leeren, wem gelänge das? So bleibt für viele Menschen zuviel Ungelebtes übrig – oftmals sogar Möglichkeiten, die sie beim besten Willen nicht hätten leben können, und so betreten sie die Schwelle des Alters mit einem unerfüllten Anspruch, der ihnen den Blick unwillkürlich rückwärts lenkt. GW 8, 439 f.; Grundw. 9, 74 f.

*

Die Menschen haben das Gefühl, daß es einen großen Unterschied macht oder machen würde, wenn sie nur einen festen Glauben an eine sinnvolle Lebensweise oder an Gott und die Unsterblichkeit hätten. Das Gespenst des Todes, das drohend vor ihnen auftaucht, ist oft eine starke Triebfeder bei solchen Gedanken. Seit undenklichen Zeiten haben die Menschen sich Vorstellungen von einem oder mehreren höchsten Wesen und einem Jenseits gemacht. Nur die moderne Zeit glaubt, ohne sie auskommen zu können. Weil man den Himmel mit Gottes Thron nicht mit Hilfe von Teleskop oder Radar hat feststellen können und nicht (mit Sicherheit) nachgewiesen hat, daß die lieben Eltern noch mit einem mehr oder weniger sichtbaren Körper umherwandeln, nimmt man an, daß solche Vorstellungen nicht «wahr» seien. Als Vorstellungen sind sie sogar nicht «wahr» genug, denn sie haben das menschliche Leben seit prähistorischen Zeiten begleitet und sind auch jetzt noch bereit, beim geringsten Anlaß in das Bewußtsein durchzubrechen.

GW 18/I, 267

*

Ich fürchte, daß selbst die geoffenbarte Wahrheit sich entwickeln muß. Alles Lebendige wandelt sich. Wir sollten uns mit unveränderlichen Traditionen nicht zufrieden geben. GW 18/II, 787

*

Vielleicht muß man sogar das Leben riskieren. Gewöhnlich hat sich eine Falltür für immer geschlossen. Heraklit, der dunkle, der intelligenteste der alten Philosophen, sagte: «Es ist tödlich für die Seele, zu Wasser zu werden.» Es ist tödlich für die Seele, unbewußt zu werden. Menschen sterben, bevor der Tod des Körpers eintritt, weil der Tod in der Seele hockt. Sie sind maskenhafte Blutegel, die wie Gespenster umhergehen, tot, aber immer noch saugend. Es ist eine Art von Tod. Ich habe einen Mann erlebt, der seinen Geist in einen Brei verwandelt hatte. Man kann sich von seinen Problemen entfernen, man braucht nur lang genug von ihnen wegzuschauen. Man kann ihnen entrinnen, aber es ist der Tod der Seele. Traumanalyse 119

*

Das Leben der zweiten Lebenshälfte heißt nicht Aufstieg, Entfaltung, Vermehrung, Lebensüberschwang, sondern Tod, denn sein Ziel ist das Ende. Seine-Lebenshöhe-nicht-Wollen ist dasselbe wie Sein-Ende-nicht-Wollen, Beides ist: Nicht-leben-Wollen. Nicht-leben-Wollen ist gleichbedeutend mit Nicht-sterben-Wollen. Werden und Vergehen ist dieselbe Kurve.

GW 8, 447; Grundw. 9, 81

Alter und Tod

Den ganzen Becher in
Schönheit zu leeren,
wem gelänge das?

GW 8, 440

Dem Tod entgegenlaufen

Dem Aufstieg des Lebens billigen wir Ziel und Sinn zu, warum nicht dem Abstieg? Die Geburt des Menschen ist bedeutungsschwanger, warum nicht der Tod?

GW 8, 448; Grundw. 9, 82

*

Die Flucht vor dem Leben befreit nicht von dem Gesetz des Alterns und des Todes. GW 5, 505

*

Es ist ebenso neurotisch, sich nicht auf den Tod als ein Ziel einzustellen, wie in der Jugend die Phantasien zu verdrängen, welche sich mit der Zukunft beschäftigen.

GW 8, 541; Grundw. 9, 84

*

Wir verstehen Leben nicht einmal in der Materie, wie könnten wir hoffen, es außerhalb der Materie zu erfassen? Ich weiß auch nicht, ob eine Fortdauer des Lebens jenseits irdischer Existenz als gut oder als schlecht zu betrachten wäre. Bei dieser großen Frage pflege ich so zu argumentieren: wir sind hier und jetzt, und was das zukünftige Hier und Jetzt sein wird, werden wir sehen, wenn es da ist. Sollten wir uns in neuer Hülle und an einem neuen Ort entdecken, werden wir sagen: Ach, noch einmal! – und werden hindurchkriechen, wie wir es bis anhin getan hatten. Briefe I, 306

*

Je älter ich werde, desto tiefer bin ich beeindruckt von der Vergänglichkeit und Unsicherheit unserer Erkenntnis, und desto mehr suche ich Zuflucht bei der Einfachheit unmittelbarer Erfahrung, um den Kontakt mit den wesentlichen Dingen nicht zu verlieren, nämlich den Dominanten, welche die menschliche Existenz durch die Jahrtausende bestimmen.

Briefe III, 327

*

Es herrscht sogar vielfach ein falscher Ehrgeiz, daß ein Alter sein sollte wie ein Junger, oder wenigstens sollte er dergleichen tun, obschon er innerlich nicht mehr daran glauben kann. Deshalb ist so vielen der Übergang von der natürlichen zur kultürlichen Phase unendlich schwierig und bitter; sie klammern sich an die Illusion der Jugend oder an ihre Kinder, um auf diese Weise noch ein Stückchen Jugend zu retten. Man sieht dies namentlich bei Müttern, die ihren einzigen Sinn in ihren Kindern sehen und in ein bodenloses Nichts zu fallen glauben, wenn sie ihre Kinder aufzugeben haben. Kein Wunder daher, daß viele schwere Neurosen zu Beginn des Lebensnachmittags auftreten. Es ist eine Art zweiter Pubertätszeit oder zweiter Sturm- und Drangperiode, nicht selten begleitet von allen Stürmen der Leidenschaft («gefährliches Alter»). Aber die Probleme, die sich in diesem Alter stellen, sind nicht mehr nach den alten Rezepten zu lösen: der Zeiger dieser Uhr läßt sich nicht zurückdrehen. *Was die Jugend außen fand und finden mußte, soll der Mensch des Nachmittags innen finden.* GW 7, 82

*

Wenn einem zum Beispiel der Glaube und die Überzeugung von unseren Werten untergeht, hat man das Gefühl, man müsse sterben. Das sei das Ende vom Leben. Das Leben lohne sich nicht mehr. Und wenn nun ein solch tiefer Einschnitt im Leben erfolgt, so ist man immer begleitet von Todesgedanken und -phantasien oder Todesängsten. [...] Wenn eine gründliche Änderung angezeigt ist, und das wird geflissentlich umgangen, dann ereignen sich häufig Unfälle, sogar Todesfälle oder schwere Krankheiten. [...] Wenn der Tod auf der Schwelle erscheint, müßte er sich mit dem Gedanken des Todes, also auch seines Todes, auseinandersetzen. Tatsächlich ist ja die Todesangst, die mit der psychischen Änderung verknüpft ist, auch der Grund, warum die Leute ausreißen. Sie tun es, weil sie Todesangst haben, weil sie es nicht riskieren.

Kinderträume 532

*

Alles was noch nicht dort ist, wo es sein sollte, und das noch nicht vergangen ist, wo es doch hätte vergehen sollen, empfindet Angst vor dem Ende, das heißt vor der endgültigen Abrechnung. Man umgeht solange wie immer möglich die Bewußtmachung jener Dinge, die der Ganzheit noch fehlen, und verhindert dadurch die Bewußtwerdung des Selbst und damit die Bereitschaft zum Tode. Das Selbst verharrt in der Projektion.

GW, 10, 400

*

Wo ist die Weisheit unserer Alten? Wo sind ihre Geheimnisse und Traumgesichte? GW 8, 439; Grundw. 9, 74

*

Könnten wie dasselbe Experiment mit einem alternden Menschen anstellen [das heißt, das Beobachten seiner Gedanken] – selbstverständlich ohne daß er es merkt –, so fänden wir natürlich wegen des Zurückschauens eine größere Anzahl von Erinnerungsbildern als beim jungen Mann, daneben aber eine überraschend große Anzahl von Antizipationen der Zukunft, einschließlich des Todes. Mit zunehmenden Jahren häufen sich sogar die Todesgedanken in erstaunlichem Maße. Der alternde Mensch bereitet sich nolens volens auf den Tod vor. Darum meine ich, daß die Natur schon selber für die Vorbereitung aufs Ende sorgt.

GW 8, 451; Grundw. 9, 84

*

Die Idee des Selbstmords, so menschlich begreiflich sie auch ist, erscheint mir nicht als empfehlenswert. Wir leben, um ein möglichst großes Maß an geistiger Entwicklung und an Bewußtwerdung zu erreichen. Solange das Leben irgendwie auch nur in geringstem Maße möglich ist, sollte man daran festhalten, um es zum Zweck der Bewußtwerdung auszuschöpfen. Vor der Zeit das Leben zu unterbrechen heißt ein Experiment zum Stillstand bringen, das wir nicht angelegt haben. Wir haben uns darin vorgefunden und müssen es bis zum Äußersten durchführen. Briefe II, 44f.

*

Von der Lebensmitte an bleibt nur der lebendig, der mit dem Leben sterben will. Denn das, was in der geheimen Stunde des Lebensmittags geschieht, ist die Umkehr der Parabel, *die Geburt des Todes.*

GW 8, 447; Grundw. 9, 81

*

Der alternde Mensch sollte wissen, daß sein Leben nicht ansteigt und sich erweitert, sondern daß ein unerbittlicher innerer Prozeß die Verengerung des Lebens erzwingt. GW 8, 438; Grundw. 9, 73

*

In der Psyche jedes Menschen gibt es gewisse Dinge, die zum Absterben bestimmt sind, eben nutzlose Schalen, die abgeworfen werden müssen. Beim Stoffwechsel des Körpers sterben täglich bestimmte Zellen ab – heute leben sie, morgen sind sie tot und können weggeschafft werden. So müssen wir auch in der Psychologie bestimmte Dinge entwickeln, die niemals zur Reife gelangen. Eine Zeitlang sind sie nützlich, dann verschwinden sie, wie zum Beispiel bestimmte Gaben, die in der Jugend vielversprechend sind; oft verdorren sie nach einer Weile und fallen ab. [...] Das Leben ist ein Labor, ein Experiment der Natur, und viele Dinge scheitern. Die Leute sagen: «Das und das ist gescheitert», und es bleibt ihnen ganz unbewußt, was sie tun können, sie sind pessimistisch und sind sich deshalb nur bewußt, was sie nicht schaffen. Traumanalyse 286

*

Der Tod ist ja auch eine fruchtbare Brutalität – darüber darf man sich nicht täuschen – nicht nur als physisches Geschehen, sondern viel mehr noch als psychisches: ein Mensch wird weggerissen, und was bleibt, ist eisige Totenstille. Keine Hoffnung besteht mehr auf irgendeinen Zusammenhang, denn alle Brücken sind abgebrochen. Menschen, denen man ein langes Leben gewünscht hätte, werden mitten aus dem Leben dahingerafft, und Nichtsnutze erreichen ein hohes Alter. Das ist eine grausame Realität, die man sich nicht verhehlen sollte. Die Brutalität und Willkürlichkeit des Todes können die Menschen so verbittern, daß sie daraus schließen, es gäbe keinen barmherzigen Gott, keine Gerechtigkeit und keine Güte.

Unter einem anderen Gesichtspunkt aber erscheint der Tod als ein freudiges Geschehen. Sub specie aeternitatis ist er eine Hochzeit, ein Mysterium Coniunctionis. Die Seele erreicht sozusagen die ihr fehlende Hälfte, sie erlangt Ganzheit. Erinnerungen 317

*

Gründe für mehr als gewöhnliche Todesangst braucht man heutzutage ja nicht zu suchen. Sie liegen auf der

Hand, und dies um so mehr, als alles sinnlos verschwendete und in die Irre gegangene Leben ebenfalls Tod bedeutet.

GW 10, 400

*

Der Tod ist, psychologisch gesehen, nicht ein Ende, sondern ein Ziel, und darum beginnt das Leben zum Tode, sobald die Mittagshöhe überschritten ist.

GW 13, 54

*

Nie erhebt sich dringender und peinlicher die Frage nach Sinn und Wert des Lebens, als wenn wir sehen, wie der letzte Hauch einen eben noch lebendigen Körper verläßt. Wie anders erscheint uns der Sinn des Lebens, wenn wir den jugendlichen Menschen sich um ferne Ziele bemühen und Zukunft schaffen sehen, als wenn ein unheilbar Kranker oder ein Greis widerwillig und kraftlos ins Grab sinkt! Die Jugend – will es uns scheinen – hat Ziel, Zukunft, Sinn und Wert. Das Zuendegehen aber ist ein bloß sinnloses Aufhören.

GW 8, 445; Grundw. 9, 78

*

In diesem Zusammenhang möchte ich noch einen anderen, für eine gewisse Kategorie von Vorkommnissen typischen Fall anführen. Die Frau eines meiner in den Fünfzigerjahren stehenden Patienten erzählte mir einmal gesprächsweise, daß beim Tode ihrer Mutter und Großmutter sich vor den Fenstern des Sterbezimmers eine große Zahl von Vögeln gesammelt hätte; eine Erzählung, wie ich sie schon mehr als einmal von anderen Leuten gehört hatte. Als die Behandlung ihres Mannes sich ihrem Ende nahte, indem seine Neurose behoben war, da traten bei ihm vorerst leichte Symptome auf, welche ich auf eine Herzerkrankung bezog. Ich schickte ihn zu einem Spezialisten, der aber bei der ersten Untersuchung, wie er mir schriftlich mitteilte, nichts Besorgniserregendes feststellen konnte. Auf dem Heimweg von dieser Konsultation (mit dem ärztlichen Bericht in der Tasche) brach mein Patient plötzlich auf der Straße zusammen. Als er sterbend nach Hause gebracht wurde, war seine Frau bereits in ängstlicher Unruhe, und zwar darum, weil, bald nachdem ihr Mann zum Arzte gegangen war, ein ganzer Vogelschwarm sich auf ihr Haus niedergelassen hatte. Natürlich erinnerte sie sich sofort an die ähnlichen Vorkommnisse beim Tode ihrer Angehörigen und befürchtete Schlimmes.

Obschon ich die an diesen Ereignissen beteiligten Personen genau kenne und deshalb weiß, daß es sich um einen wahren Tatsachenbericht handelt, so stelle ich mir doch keineswegs vor, daß sich irgend jemand, der entschlossen ist, solche Dinge als bloße Zufälle anzusehen, dadurch bewogen fühlen wird, seine Auffassung zu ändern. Ich bezwecke mit der Darstellung der beiden Fälle daher nur einen Hinweis auf die Art und Weise, wie sich sinngemäße Koinzidenzen im praktischen Leben zu präsentieren pflegen. GW 8, 478 f.

Der Tod ist seelisch ebenso wichtig wie die Geburt und wie diese ein integrierender Bestandteil des Lebens.

GW 13, 54

*

Vielen erscheint der Tod als brutales und sinnloses Ende einer kurzen und unbedeutenden Existenz. Und wirklich, wenn man, wie ich, ein Leben, einen Geist sieht, die sich öffnen und weiten, verfügbar werden für einen neuen Anfang, ein Herz voller junger Hoffnungen und Ideale, eine ehrliche Bereitschaft, die schweren Verantwortungen einer neuen Arbeit im Dienste der Menschheit auf sich zu nehmen, den Mut und den Glauben eines, der sich aufmacht, allen jenen Hilfe zu bringen, die aus der Dunkelheit und Blindheit eines fast animalischen Lebens nach dem Licht eines umfassenderen, menschlicheren Bewußtseins streben – und wenn man all dieses Leben mit einem einzigen, schroffen Schlag zunichte gemacht sieht, kann man nicht anders, als sich durch die Roheit des Schicksals zerschmettert fühlen. So sieht es jedenfalls von der Oberfläche her und aus der Ferne aus. Doch wenn wir in die Tiefen der Seele eindringen und ihr geheimnisvolles Leben zu verstehen suchen, erkennen wir, daß der Tod kein sinnloses Ende ist, kein bloßes Verschwinden ins Nichts – er ist eine *Vollendung*, eine reife Frucht am Lebensbaum. Auch ist der Tod kein jähes Verlöschen, sondern ein Ziel, auf welches ein halbes Leben lang unbewußt hingelebt und -gearbeitet wurde.

GW 18/II, 815

Ich habe in meiner ziemlich langen psychologischen Erfahrung eine Reihe von Beobachtungen bei Personen gemacht, deren unbewußte Seelentätigkeit ich bis in die unmittelbare Nähe des Todes verfolgen konnte. In der Regel wurde das nahende Ende mit jenen Symbolen angezeigt, mit welchen auch im normalen Leben psychologische Zustandsveränderungen angedeutet werden, nämlich Wiedergeburtssymbole wie Ortsveränderungen, Reisen und dergleichen.

Gw 8, 451; Grundw. 9, 84 f.

*

Leider kommt die mythische Seite des Menschen heutzutage meist zu kurz. Er kann nicht mehr fabulieren. Damit entgeht ihm viel; denn es ist wichtig und heilsam, auch von den unfaßlichen Dingen zu reden. Das ist wie eine gute Gespenstergeschichte, bei der man am Kaminfeuer sitzt und eine Pfeife raucht.

Erinnerungen 303

*

Die Phantasie vom Weltbrande, überhaupt vom katastrophalen Weltende, ist die Projektion des urtümlichen Bildes der großen Umkehr [...]. Das Bild der Veränderung, welche das Phänomen der zur psychischen Einzelexistenz gehörenden Welt wieder auflöst, keimt im Unbewußten und tritt dem Bewußtsein in Träumen und Ahnungen gegenüber. Je unwilliger das Bewußtsein ist, diese Kunde zu vernehmen, desto ungünstiger und beängstigender werden die Symbole sein, in denen sie sich wahrnehmbar macht.

GW 5, 554

*

Wir sind durch unsere angeborene Struktur streng begrenzt und darum mit unserem Sein und Denken an diese unsere Welt gebunden. Der mythische Mensch verlangt zwar ein «Darüber-Hinausgehen», aber der wissenschaftlich verantwortliche Mensch kann es nicht zulassen. Für den Verstand ist das «mythologein» eine sterile Spekulation, für das Gemüt aber bedeutet es eine heilende Lebenstätigkeit; sie verleiht dem Dasein einen Glanz, welchen man nicht missen möchte. Es liegt auch kein zureichender Grund vor, warum man ihn missen sollte. Erinnerungen 303

*

Es gibt Fälle, bei denen das Unbewußte den Tod gegen das Bewußtsein anstrebt. Gott sei Dank nicht oft. Aber es gibt Fälle, wo die Menschen eigentlich leben möchten, aber aus unbewußter Veranlassung heraus nicht können, sondern vom Unbewußten einfach dazu veranlaßt werden, zu sterben. Ich sah Gott sei Dank nicht viele solche Fälle. Aber zwei, drei sah ich, die sehr eindrücklich waren. Das Unbewußte bereitete den Tod vor, und es gab gar kein Ausweichen.

Kinderträume 560

Wir sprechen [...] einerseits von einem *persönlichen,* andererseits von einem *kollektiven* Unbewußten, das gleichsam eine tiefere Schicht als das bewußtseinsnähere persönliche Unbewußte darstellt. Die «großen» beziehungsweise bedeutungsvollen Träume entstammen dieser tieferen Schicht. Ihre Bedeutsamkeit verrät sich, abgesehen vom subjektiven Eindruck, schon durch ihre plastische Gestaltung, die nicht selten dichterische Kraft und Schönheit zeigt. Solche Träume ereignen sich meist in schicksalsentscheidenden Abschnitten des Lebens, so in der ersten Jugend, in der Pubertätszeit, um die Lebensmitte (sechsunddreißigstes bis vierzigstes Jahr) und in conspectu mortis. Ihre Deutung ist oft mit beträchtlichen Schwierigkeiten verknüpft, weil das Material, das der Träumer beitragen kann, zu spärlich ist. Es handelt sich eben bei den archetypischen Gebilden nicht mehr um persönliche Erfahrungen, sondern gewissermaßen um allgemeine Ideen, deren Hauptbedeutung in dem ihnen eigentümlichen Sinn und nicht in irgendwelchen persönlichen Erlebniszusammenhängen besteht.

GW 8, 321; Grundw. 1, 178f.

*

Der Mensch muß sich darüber ausweisen können, daß er sein möglichstes getan hat, sich eine Auffassung über das Leben nach dem Tode zu bilden, oder sich ein Bild zu machen – und sei es mit dem Eingeständnis seiner Ohnmacht. Wer das nicht tut, hat etwas verloren. Denn was als Fragendes an ihn herantritt, ist uraltes Erbgut der Menschheit, ein Archetypus, reich an geheimem Leben, das sich dem unsrigen hinzufügen möchte, um es ganz zu machen. Die Vernunft steckt uns viel zu enge Grenzen und fordert uns auf, nur das Bekannte – und auch dies mit Einschränkungen – in bekanntem Rahmen zu leben, so als ob man die wirkliche Ausdehnung des Lebens kannte! Tatsächlich leben wir Tag für Tag weit über die Grenzen unseres Bewußtseins hinaus; ohne unser Wissen lebt das Unbewußte mit. Je mehr die kritische Vernunft verwaltet, desto ärmer wird das Leben; aber je mehr Unbewußtes, je mehr Mythus wir bewußt zu machen vermögen, desto mehr Leben integrieren wir. Die überschätzte Vernunft hat das mit dem absoluten Staat gemein: unter ihrer Herrschaft verelendet der Einzelne. Erinnerungen 305

*

Das sogenannte Leben ist eine kurze Episode zwischen zwei großen Geheimnissen, das doch nur eines ist. Ich kann um keinen Toten trauern. Sie dauern, wir aber gehen vorüber. Briefe II, 103

*

Der Anblick des Todes hat schon manche Vollendung erzwungen, die vordem keiner Willensanstrengung oder guten Absicht möglich war. Er ist ein großer Vollender, der unter die Bilanz eines Menschenlebens seinen unerbittlichen Schlußstrich setzt. In ihm erst ist die Ganzheit – so oder so – erreicht. Der Tod ist das Ende des empirischen und das Ziel des geistigen Menschen. GW 10, 399f.

Der Tod ist ein treuer Begleiter des Lebens und folgt ihm als sein Schatten. Man hat noch einzusehen, wie sehr Lebenwollen = Sterbenwollen ist. Briefe I, 56

*

Der Tod ist uns bekannt als ein Ende schlechthin. Es ist der Schlußpunkt, welcher oft noch vor das Ende des Satzes gesetzt wird, über den hinaus es nur noch Erinnerung oder Folgewirkung bei anderen gibt. Für den Betroffenen aber ist der Sand im Glase abgelaufen; der rollende Stein ist zur Ruhelage gekommen. Angesichts solchen Todes erscheint uns das Leben stets wie ein Ablauf, wie der Gang einer aufgezogenen Uhr, deren endlicher Stillstand selbstverständlich ist.

GW 8, 445; Grundw. 9, 78

Vom Leben nach dem Tod

[Zur Frage eines Lebens nach dem Tod:] Bewußterweise bin ich noch nicht dort gewesen. Wenn ich sterbe, werde ich sagen: «Jetzt werden wir sehen!» Momentan habe ich diese Gestalt, und ich sage: «Was gibt es hier? Tun wir alles, was wir *hier* tun können.» Wenn wir nach unserem Tode ein neues Leben vorfinden, werde ich sagen: «Leben wir also noch einmal – encore une fois!» Ich weiß nichts darüber, aber eines kann ich Ihnen sagen: das Unbewußte kennt keine Zeit. Ein Teil unserer Psyche befindet sich nicht in Zeit und nicht in Raum. Sie sind nur eine Illusion, Zeit und Raum; und so existiert die Zeit für einen gewissen Teil unserer Psyche überhaupt nicht.

Man würde das Gleichgewicht verlieren, falls man sich nicht mit der Unsterblichkeit auseinandersetzte, wenn einen die Träume mit dem Problem konfrontieren; *dann* sollte man darüber entscheiden. Wenn sie es nicht tun, kann man es bleibenlassen. Aber wenn sie einen damit konfrontieren, sollte man sagen: «Ich muß herausfinden, was ich diesbezüglich fühle. Nehmen wir an, daß es so etwas wie Unsterblichkeit nicht gibt, kein Leben nach dem Tode: was fühle ich dann? Wie lebt es sich mit einer solchen Überzeugung?» Dann bekommen Sie vielleicht Magenbeschwerden. Also sagen Sie sich: «Nehmen wir an, ich sei unsterblich», und dann sind Sie in Ordnung. Also müssen Sie sich sagen: «Das ist offenbar richtig.» Wie sollen wir es wissen? Wie weiß ein Tier, daß eine bestimmte Sorte Gras, die es gefressen hat, nicht giftig ist, und wie wissen Tiere, daß etwas giftig ist? Sie werden krank. Auf diese Weise erkennen wir die Wahrheit: die Wahrheit ist das, was uns leben hilft – *richtig leben* hilft.

GW 18/I, 311 f.

*

Ich habe gute Gründe anzunehmen, daß die Dinge mit dem Tod nicht zu Ende sind. Es scheint, als sei das Leben ein Zwischenspiel in einer langen Geschichte.

Briefe II, 520

*

Neuerdings hat die kritische Vernunft neben vielen anderen mythischen Vorstellungen auch die Idee des postmortalen Lebens anscheinend zum Verschwinden gebracht. Dies war nur darum möglich, weil die Menschen heutzutage meist ausschließlich mit ihrem Bewußtsein identifiziert sind und sich einbilden, nur das zu sein, was sie selber von sich wissen.

Erinnerungen 302

*

Bei allen Initiationen war das Ziel, einen unsterblichen Menschen, einen den Tod überdauernden Menschen, herzustellen. Es handelt sich immer darum, aus der sterblichen Natur den unsterblichen Keim herauszuschälen und diesem Keim Gestalt zu geben, das heißt, man bemüht sich gewissermaßen, das Bewußtsein, das mit dem Ich identisch ist, durch den neuen, den geistigen Menschen zu ersetzen.

Kinderträume 105 f.

*

Die Welt, in die wir nach dem Tode kommen, wird großartig sein und furchtbar, so wie die Gottheit und die uns bekannte Natur. Auch daß das Leiden gänzlich aufhörte, kann ich mir nicht vorstellen.

Erinnerungen 323

*

Darum werde ich jetzt gewiß nicht behaupten, man müsse eben glauben, daß der Tod eine zweite Geburt sei und in eine Fortdauer über das Grab hinaus überleite. Ich darf aber wenigstens erwähnen, daß der consensus gentium ausgesprochene Auffassungen vom Tode hat, welche sich in allen großen Religionen der Erde unmißverständlich ausgedrückt haben. Ja, man kann sogar behaupten, daß die Mehrzahl dieser Religionen komplizierte Systeme der Vorbereitung des Todes sind, und zwar in einem solchen Maße, daß das Leben tatsächlich im Sinne meiner obigen paradoxen Formel nichts bedeutet als eine Vorbereitung auf das letzthinnige Ziel, den Tod. Für die beiden größten lebenden Religionen, das Christentum und den Buddhismus, vollendet sich der Sinn des Daseins in seinem Ende.

GW 8, 449; Grundw. 9, 82

Im allgemeinen sind die Vorstellungen, welche die Menschen sich über das Jenseits machen, von ihrem Wunschdenken und ihren Vorurteilen mitbestimmt. Meist werden darum mit dem Jenseits nur lichte Vorstellungen verbunden. Aber das leuchtet mir nicht ein. Ich kann mir kaum vorstellen, daß wir nach dem Tode auf einer lieblichen Blumenwiese landen. Wenn im Jenseits alles licht und gut wäre, müßte doch auch eine freundliche Kommunikation zwischen uns und lauter seligen Geistern bestehen, und aus dem Vorgeburtszustand könnten uns schöne und gute Konsequenzen zufließen. Davon ist aber keine Rede. Warum diese unüberwindliche Trennung der Abgeschiedenen von den Menschen? Mindestens die Hälfte der Berichte über Begegnungen mit den Totengeistern handelt von angstvollen Erlebnissen mit dunklen Geistern, und es ist die Regel, daß das Totenland eisiges Schweigen beobachtet, unbekümmert um den Schmerz der Vereinsamten. Erinnerungen 323

*

Vom psychologischen Gesichtspunkt aus erscheint das «Leben im Jenseits» als eine konsequente Fortsetzung des psychischen Lebens im Alter. Mit zunehmendem Alter nämlich spielen Beschaulichkeit, Reflexion und die inneren Bilder natürlicherweise eine immer größere Rolle. «Deine Alten werden Träume haben» [Apg 2, 17; Joel 3, 1]. Dies setzt allerdings voraus, daß die Seele der Alten nicht verholzt oder versteinert ist – sero medicina paratur cum mala per longas convaluere moras [die Medizin wird zu spät zubereitet, wenn das Übel durch lange Zeiten stark geworden ist]. Im Alter fängt man an, die Erinnerungen vor seinem inneren Auge abrollen zu lassen und sich in den inneren und äußeren Bildern der Vergangenheit denkend zu erkennen. Das ist wie eine Vorstufe oder eine Vorbereitung zu einer Existenz im Jenseits, so wie nach Auffassung Platos die Philosophie eine Vorbereitung auf den Tod darstellt.

Erinnerungen 322 f.

*

Es waren nicht nur eigene Träume, sondern gelegentlich auch diejenigen von anderen, die meine Auffassung über ein postmortales Leben formten, revidierten oder bestätigten. Von besonderer Bedeutung war der Traum, den eine knapp sechzigjährige Schülerin von mir etwa zwei Monate vor ihrem Tode träumt: Sie kam ins Jenseits. Dort war eine Schulklasse, in welcher auf der vordersten Bank ihre verstorbenen Freundinnen saßen. Es herrschte allgemeine Erwartung. Sie blickte sich um nach einem Lehrer oder Vortragenden, konnte aber niemanden finden. Man bedeutete ihr, daß sie selbst die Vortragende sei, denn alle Verstorbenen hätten gleich nach ihrem Tode einen Bericht über die Gesamterfahrung ihres Lebens abzugeben. Die Toten interessierten sich in hohem Maße für die von den Verstorbenen mitgebrachten Lebenserfahrungen, so als ob Taten und Entwicklungen im irdischen Leben die entscheidenden Ereignisse seien.

Auf alle Fälle schildert der Traum eine sehr ungewöhnliche Zuhörerschaft, die ihresgleichen auf der Erde wohl kaum finden dürfte: man interessiert sich brennend für das psychologische Endresultat eines menschlichen Lebens, das in keinerlei Weise bemerkenswert ist, so wenig wie der Schluß, der daraus gezogen werden könnte – nach unserem Dafürhalten. Wenn sich das «Publikum» aber in einer relativen Nicht-Zeit befindet, wo «Ablauf», «Ereignis», «Entwicklung» fragliche Begriffe geworden sind, so könnte es sich eben gerade für das, was ihm in seinem Zustand fehlt, am meisten interessieren.

Zur Zeit dieses Traumes hatte die Verstorbene Angst vor dem Tode und wollte diese Möglichkeit ihrem Bewußtsein tunlichst fernhalten. Erinnerungen 308

*

Es gibt Menschen, die kein Bedürfnis nach Unsterblichkeit empfinden, und für die es gräßlich ist zu denken, sie müßten zehntausend Jahre auf einer Wolke sitzen und Harfe spielen! Auch gibt es nicht wenige, denen das Leben so übel mitgespielt hat, oder die solchen Ekel vor der eigenen Existenz empfinden, daß ihnen ein absolutes Ende köstlicher erscheint als eine Fortdauer. Aber in der Mehrzahl der Fälle ist die Frage nach der Immortalität so dringend, so unmittelbar und auch so unausrottbar, daß man den Versuch wagen muß, sich irgendeine Auffassung darüber zu bilden.

Erinnerungen 309

Es ist aber ein sehr wichtiges «Interesse» des alternden Menschen, sich gerade mit dieser Möglichkeit bekannt zu machen. Ein sozusagen unabweisbar Fragendes tritt an ihn heran, und er sollte darauf antworten. Zu diesem Zweck sollte er einen Mythus vom Tode haben, denn die «Vernunft» zeigt ihm nichts als die dunkle Grube, in die er fährt. Der Mythus aber könnte ihm andere Bilder vor Augen führen, hilfreiche und bereichernde Bilder des Lebens im Totenland. Glaubt er an diese oder gibt er ihnen auch nur einigen Kredit, so hat er damit ebenso sehr recht und unrecht wie einer, der nicht an sie glaubt. Während aber der Leugnende dem Nichts entgegengeht, folgt der dem Archetypus Verpflichtete den Spuren des Lebens bis zum Tode. Beide sind zwar im Ungewissen, der eine aber gegen seinen Instinkt, der andere mit ihm, was einen beträchtlichen Unterschied und Vorteil zugunsten des letzteren bedeutet. Erinnerungen 308 f.

*

Weder wünsche ich, noch wünsche ich nicht, daß wir ein Leben nach dem Tode hätten, und ich möchte auch dergleichen Gedanken nicht kultivieren; aber ich muß, um die Wirklichkeit zu Worte kommen zu lassen, feststellen, daß ohne meinen Wunsch und ohne mein Zutun Gedanken solcher Art in mir kreisen. Ich weiß nichts darüber, ob sie wahr oder falsch sind, aber ich weiß, daß sie vorhanden sind und daß sie geäußert werden können, falls ich sie nicht aus irgendwelchem Vorurteil unterdrücke. Erinnerungen 302

Wenn es ein bewußtes Dasein nach dem Tode geben sollte, so ginge es, wie mir scheint, in der Richtung weiter wie das Bewußtsein der Menschheit, das jeweils eine obere, aber verschiebbare Grenze hat. Es gibt viele Menschen, die im Augenblick ihres Todes nicht nur hinter ihren eigenen Möglichkeiten zurückgeblieben sind, sondern vor allem auch weit hinter dem, was schon zu ihren Lebzeiten von anderen Menschen bewußt gemacht worden war. Daher ihr Anspruch, im Tode den Anteil an Bewußtheit zu erlangen, den sie im Leben nicht erworben haben.

Erinnerungen 311

*

Die entscheidende Frage für den Menschen ist: Bist du auf Unendliches bezogen oder nicht? Das ist das Kriterium seines Lebens. Erinnerungen 327

Literatur

C. G. Jung, Gesammelte Werke (GW), 20 Bände, versch. Herausgeber, Olten 1971 ff.

Daraus besonders:

Symbole der Wandlung: GW 5

Über die Psychologie des Unbewußten: GW 7

Geist und Leben: GW 8

Die Lebenswende: GW 8

Seele und Tod: GW 8

Das symbolische Leben: GW 18/I und 18/II

C. G. Jung, Briefe, 3 Bände, Olten 1972 f.

Erinnerungen, Träume, Gedanken von C. G. Jung, aufgezeichnet von Aniela Jaffé, Olten 1971; mit Register [14]1997

Grundwerk C. G. Jung (Grundw.), 9 Bände, hrsg. von Helmut Barz, Ursula Baumgardt, Rudolf Blomeyer, Hans Dieckmann, Helmut Remmler, Theodor Seifert, Olten 1984 f.

C. G. Jung, Kinderträume, hrsg. von Lorenz Jung und Maria Meyer-Grass, Olten 1987

C. G. Jung, Traumanalyse. Nach Aufzeichnungen des Seminars 1928–1930, hrsg. von William McQuire, aus dem Englischen übersetzt von Brigitte Stein, Olten 1990

Ferner wird verwiesen auf:

C. G. Jung, Einsichten und Weisheiten, ausgewählt von Franz Alt, Olten 1986 ff.

Von Sinn und Wahnsinn

Von Traum und Selbsterkenntnis

Von Religion und Christentum

Von Sexualität und Liebe

Von Vater, Mutter und Kind

Von Schein und Sein
Von Gut und Böse
Vom Leiden und Heilen
Das C. G. Jung Lesebuch, ausgewählt von Franz Alt, Olten 1983
C. G. Jung, Von Mensch und Gott, ein Lesebuch, ausgewählt von Franz Alt, Olten 1989
C. G. Jung, Vom Abenteuer Wachsen und Erwachsenwerden, ein Lesebuch, ausgewählt von Franz Alt, Olten 1991

Lieber C. G. Jung

Was ich Ihnen schon immer sagen wollte

Herausgegeben von Marianne Schiess, 176 Seiten
ISBN 3-530-40101-3

Vierzehn bekannte Jungsche Autorinnen und Autoren ziehen anläßlich des 125. Geburtstags von C. G. Jung sehr persönliche Bilanz über seine Bedeutung für ihre Arbeit und ihr Leben. Sie erinnern sich in Briefform, wie es dazu kam, daß sein Denken und sein psychotherapeutischer Ansatz zur Grundlage ihrer beruflichen Tätigkeit wurde. Sie überdenken, welche seiner Konzepte für sie wesentlich sind, welchen sie kritisch gegenüberstehen und in welchen Bereichen sie Neues beigetragen haben. Und sie setzen sich in kritischer Offenheit mit den Schattenseiten des großen Psychologen auseinander.

Mit Beiträgen von Ruth Ammann, Kathrin Asper, Helmut Barz, Arnold Bittlinger, Helmut Hark, Mario Jacoby, Verena Kast, Arnold Mindell, Lutz Müller, Willy Obrist, Ingrid Riedel, Peter Schellenbaum, Theodor Seifert, Ursula Wirtz.

Walter Verlag

Verena Kast

Vom Interesse und dem Sinn der Langeweile

200 Seiten

ISBN 3-530-42111-1

Wen faszinieren nicht jene Menschen, die sich mit ganzer Leidenschaft und mit uneingeschränktem Interesse einer Sache hingeben? Die Grundemotion Interesse mit ihrer ganzen Tragweite für unsere Psyche steht im Zentrum dieses Buches von Verena Kast. Was ist Interesse und was hat es mit der Bindung an unsere Eltern zu tun? Wie entsteht es, wie erlischt es und wann kommt der Gegenpol, die Langeweile, ins Spiel?

Gerade die Langeweile, ein in unserer Erlebnisgesellschaft in hohem Maß tabuisiertes Gefühl, ist eine unserer produktivsten Emotionen, so die These von Verena Kast. Denn sie gibt uns die Chance, unsere wirklichen, unsere innersten Interessen aufzuspüren und somit Zugang zu finden zu unserer Lebendigkeit.

Walter Verlag